情润西雅图

The Allure of Seattle

Preface

序

西雅图，是一座与山海相依的城市。

来到这里，你可以在清晨的海湾看薄雾自水面升起，在傍晚的山脊望夕阳沉入普吉特海湾；可以在码头听海鸥与船笛交织，也可以在雨声里体会城市特有的安静与细腻。雷尼尔山在远方静静伫立，水岸线在山影之下繁灯如星。沿着派克市场的街巷行走，咖啡与海盐的气息在空气中弥漫；走进林地深处，苔藓与杉树之间，幽绿渐次铺展。这座城市不以喧闹示人，却在沉静中尽显岁月的温柔。

西雅图既在山海之间，也在人与人的生活之中。百余年前，这里仍是林地与滩涂。原住民部族在此栖居，图腾与独木舟记录着人与自然最纯朴的关系。随后，淘金者踏上海岸，码头与仓库渐次建起，城市渐有雏形。1889年的一场大火抬高了街道，也留下地下城的旧砖与石窗。现代工业兴起，波音的飞机飞向天空，港口的船只连通四海；科技发展，新的天际线在湖水与山影之间悄然生长。

西雅图是个年轻的城市，从原始森林到现代都市，不过百余年光景。正因为短暂，它更珍惜人与自然的平衡，也更尊重个人选择与精神自由。它在发展中保留过往，在更新中延续记忆。在西雅图，湖水与山影得以留存，旧仓库改作画廊，工业遗址成为公园。传统与现代在此并立，创新与怀旧彼此成全。

当代的西雅图，是一座充满创造力的都市。人们在咖啡馆里谈论创意与理念，在书店中交换思想与故事；独立音乐在雨夜回响，体育场的欢呼与海水的潮声起伏相和。亚马逊的球形温室在玻璃中生长绿色，多元文化在街巷之间自然交汇。在理性与温情之中，西雅图形成了独属于自己的浪漫。

一座城市的情调，不仅有历史的延续，还有风景的殊胜，更有生活的沉淀。本书从三个层面试着走近西雅图。第一篇章“历史与传统”，追溯西雅图从原始森林到现代都市的变迁，探寻时间留下的痕迹；第二篇章“云端与街角”，循着山海与街巷的脉络，呈现城市的风景与面貌；第三篇章“雨中的光影”，走入当代生活的居行节奏，记录日常中的温度与活力。

这些篇章，不过是一帧帧的凝望与体会。西雅图有看不尽的景色，讲不完的故事，远非字里行间所能穷尽。本书愿以文字与摄影为桥，引领读者走近这座城市，去探索山海与人文之间蕴藏的美好韵致。

Preface

Every city reveals itself to the world differently.
Some arrive all at once.
Seattle does not.

Seattle stands between water and mountains. Here, mornings begin with mist lifting off the bay, and evenings end with the sun slipping behind the Olympic Mountains. Along the waterfront, gulls circle overhead as ferry horns carry across the water. In the rain, the city settles into a quiet that feels close and unforced. Mount Rainier rises in the distance, snow-capped through much of the year, while the shoreline glows at night with scattered lights. Through the narrow lanes of Pike Place Market, the air carries the mingled scent of coffee and salt. Deeper in the wooded parks, moss spreads beneath tall evergreens, a layered green that seems to hold sound in place. Seattle does not call attention to itself. It comes through most clearly in its quieter moments, where time feels gentler, almost unhurried.

The city exists not only between water and mountains, but also within the rhythms of its people. A little more than a century ago, this was still a landscape of forest and tidal flats. Indigenous communities lived here long before, their totems and canoes reflecting a direct relationship with the natural world. Then came the gold seekers, stepping ashore in search of opportunity. Wharves and warehouses followed, and the outlines of a city began to take shape. The Great Fire of 1889 raised the streets above their former ground and left behind the brick vaults and windows of an earlier Seattle below. Aircraft from Boeing lifted into the sky, while ships in the harbor connected the city to wider routes. In more recent decades, technology has reshaped the skyline, its towers rising between water and mountain light.

Seattle is, in many ways, a young city. Its passage from forest to metropolis spans little more than a century. Perhaps for that reason, it keeps a careful balance between people and the natural world and leaves room for different ways of living. Growth has not meant starting over. What came before remains part of the present. Lakes and ridgelines remain in view, as old warehouses turn into galleries and former industrial grounds reopen as parks. The past and the present sit together with little effort.

Contemporary Seattle is a city of ideas. In cafés, conversations move easily from invention to philosophy. In bookstores, stories and arguments pass from hand to hand. Independent music carries through the rain at night, while the sound of stadium crowds rises and falls with the tide. At Amazon's glass spheres, greenery grows within curved walls of steel and glass. Across neighborhoods, cultures meet in everyday ways and shape how the city is lived. Practical habits and a certain softness exist side by side, giving Seattle a quiet, unshowy character.

A city takes shape over time through its history, its landscape, and the way people live within it. This book approaches Seattle from three perspectives. Part One, History and Tradition, traces the city's path from forest to modern urban life. Part Two, Clouds and Streetcorners, moves through its terrain and neighborhoods. Part Three, Light and Shadow in the Rain, turns to contemporary life and its daily rhythms.

These pieces offer only a few perspectives. Seattle holds more than can be fully told. There is more to see than any one visit allows, and more to understand than any single account can contain. Through words and images, this book offers a way into the city, an invitation to spend a little more time with it, and perhaps to see it a little differently.

目录

Contents

1 第一篇章

历史与传统——城市的根与源

CONTENTS

2 第二篇章

云端与街角——行走其间的风景

CONTENTS

3 第三篇章

雨中的光影——宜居的当代都市

Contents

1 Part One
History and Tradition
——The Roots and Origins of Seattle

CONTENTS

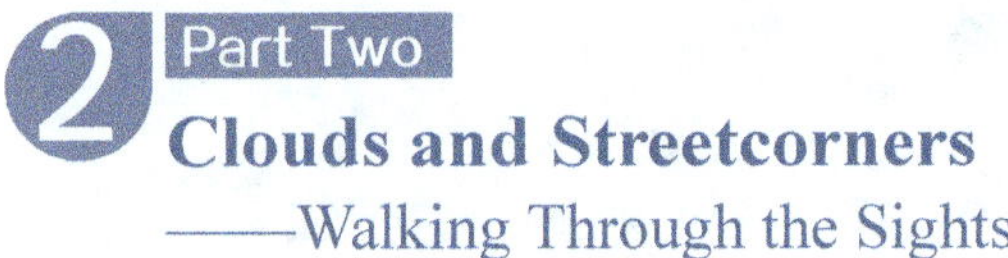

Part Two

Clouds and Streetcorners

——Walking Through the Sights

CONTENTS

3 Part Three
Light and Rhythm in the Rain
——A City Made for Living

01

第一篇章

历史与传统——城市的根与源

Part One: History and Tradition
—The Roots and Origins of Seattle

雨城的起点

杜瓦米什人与萨夸米什的传说

The Beginning of the Rain City
Legends of the Duwamish & Suquamish

在西雅图成为一座城市之前，
河流与海岸之间，生活早已在此延续。

西雅图位于美国西北角，濒临太平洋。这里的冬天多雨，却少有严寒；夏季清爽，很少出现酷热的日子。雨水让土地长久保持湿润，也让植物的生长节奏，总是比北方的邻城略快一步。早春时节，后院里的蔬菜已经抽出新叶，果树含苞待放，而远处的山峦仍覆着积雪。这样的气候，使这里自古便适合人类停留。

1895 年的西雅图港口

这片土地拥有古老的冰川遗迹、活跃的火山、终年积雪的高峰，也被湖泊与河流反复切割。城市南侧，雪松河与黑河汇合，流入杜瓦米什河。

这条不足20公里的河流，蜿蜒穿过今日的城区，最终向西注入大海。早在四千年前，河岸两侧便已出现人类活动的痕迹，水流的方向，也逐渐成为生活的方向。

原住民酋长西雅尔 (Chief Si’ ahl)

最早在这里生活的，是杜瓦米什人(Duwamish)。他们是北美原住民的一支，依水而居，随季节迁徙。早期的杜瓦米什人并无固定聚落，而是随着鱼汛与采集周期，在河流、森林与海湾之间移动。河水的涨落、鲑鱼的洄游，决定了他们的生活节奏。随着时间推移，这些族群逐渐在河湾一带安营扎寨，以渔猎和农耕为生，形成相对稳定的氏族结构。然而，他们在这片土地上延续数千年的历史，却很少出现在后来书写城市的主流叙事之中。

与内陆的杜瓦米什人相对，西雅图西侧的群岛与海岸线上，生活着萨夸米什人(Suquamish)。他们同样依水而生，与杜瓦米什人往来频繁。今日从西雅图隔水相望的埃弗里特(Everett)、埃德蒙兹(Edmonds)、布雷默顿(Bremerton)、莱克伍德(Lakewood)一带，早年皆是这些原住民的活动区域。有趣的是，在加拿大温哥华通往威士勒的山谷中，还存在着名为Squamish的原住民社群。跨越国界的山林与水系，远比后来划定的边界更早地连接起这些族群的生活。

19世纪中叶，西方拓荒者抵达此地，历史由此转向。1792年，英国探险家乔治·温哥华(George Vancouver)考察了包括西雅图在内的太平洋西北海岸，却未在此定居。1851年，查尔斯·特瑞(Charles Terry)在杜瓦米什河口登陆。同年，亚瑟·丹尼(Arthur A.Denny)率领移民队伍抵达阿尔凯角，建立了最早的白人定居点，后来迁至今日市中心一带，并逐渐发展为拓荒者广场。

这座新兴城镇，最终以当地原住民酋长西雅尔(Chief Si'ahl)的名字命名，成为今日的西雅图。关于那段年代，至今仍流传着杜瓦米什酋长的演说。相传他在向华盛顿领地总督发表讲话时，谈及土地、河流与祖先的记忆，语气平静，却难掩失落与坚持。

华盛顿大学伯克博物馆中的印第安文化展品

1908 年的西雅图先锋广场

酋长的这些话语，传达出了杜瓦米什人内心的痛苦与无奈，也包含着对世代家园的守望。他们崇尚自由，相信万物各有其生长的方式，人应当在自然之中生活，而非占有。

今天的西雅图，已发展为一座多元族群共存的城市。欧裔、亚裔、非裔、斯堪的纳维亚后裔在此生活，原住民则多居于各自的保留地。城市拥有"雨城""常绿之城""翡翠之城""咖啡之都"等诸多称谓，而在河流的走向、地名的来历与海岸线的轮廓之间，仍然保留着更早的痕迹。

杜瓦米什人与萨夸米什人的故事，正是这座城市的起点。它们不喧哗，也不张扬，却始终与这片土地同在。西雅图的历史，并非从城市被命名的那一天开始，而是在更悠远的岁月里，沿着水流，缓缓展开。

作者｜桑宜川

第一批拓荒者
西雅图开埠的故事

The First Settlers: Founding Stories of Seattle

这不是一个单一群体的开埠史，
而是一段关于到来、停留与经营的故事。

1851年的一个秋天，艾略特湾(Elliott Bay)的水面波澜不惊。一小群白人移民从船上下来，脚踩在潮湿的岸边。眼前没有码头，也没有城市，只有森林、海水，以及一片不知名字的海湾。后来，人们把这群移民称为Denny Party。

他们并不是一个正式的组织，而是几户结伴西行的家庭。带头者是来自伊利诺伊州的Arthur Denny，随行的还有他的兄弟与姻亲。与同时代许多探险者不同，丹尼一行并未把这里当作短暂停留的落脚点，而是选择定居下来，尝试在这片潮湿、多雨、尚未开发的海湾边建立长期生活。

最早的日子，艰难几乎只剩下生存。房屋用原木搭起，简陋而临时。土地需要清理，潮汐决定了每天的作息。补给并不稳定，农耕的尝试屡屡失败。有人离开，也有人留下。正是在不断的试错与坚持中，一个定居点慢慢固定下来。

丹尼党真正带来的，并不只是移民人口，而是一种持续经营的方式。他们开始测量土地，划分边界，建立产权登记。沿着海

西雅图的创建者们

湾，简易的码头出现了。船只开始定期靠岸，货物在这里卸下、交换，再运往别处。艾略特湾第一次不只是地理意义上的港湾，而是被当作一个可以反复使用的港口。

随着港口的运转，西雅图开始被写进航线。学校、教堂和公共空间逐渐出现。地方治理的雏形形成，城市不再只是一个偶然的停靠点。从官方建城史的角度看，正是这一阶段，标志着西雅图的“开埠”——城市从此开始被制度性地维持和扩展。

但港口的开启，也意味着城市需要更多的双手。19世纪中叶，太平洋彼岸的中国正经历战乱与动荡。广东台山一带的乡民，被迫离开土地，踏上陌生的航程。有人先抵达旧金山，又听说北方有金矿，便继续沿着海岸线北上。对其中一部分人来说，西雅图只是途中一个尚未成熟的落脚点。他们，却在这里停了下来。

那时的西雅图，开埠不过十余年。制度已经建立，但城市仍缺乏完成具体事务的劳动力。华工开始出现在伐木场、矿区、清洁队和铁路工地上。他们修路、搬运、清理港口，用低廉的报酬换取生存的空间。1860年前后，一片以生计为核心的社区在城市边缘逐渐形成。房屋低矮，街道狭窄，挣扎着支撑起生活。华埠在港口城市的运转中日益重要。随着贸易和人口增长，这里的规模迅速扩大，一度聚居上千人。

灯塔山上俯瞰西雅图（1881）

随着城市人口增加，局势开始发生变化。1880年代，《排华法案》出台，华人社区迅速萎缩。一次集体驱逐行动，使大量华人被迫离开，华埠在短时间内几近消失。

港口依旧运转，铁路继续向内陆延伸。参与早期建设的人，逐渐从城市叙事中退场。多年之后，随着限制松动，华人社区再次出现，并最终演变为今日所称的“国际区”。在西雅图的开埠史中，这是少数仍可辨认的早期痕迹。

回望这段历史，“第一批拓荒者”并非单一群体。在丹尼党登陆之前，原住民已在这片土地上生活了数千年；丹尼党让港口得以建立，使城市可以被持续经营；而华人，则在开埠之后的建设中，参与了城市最初的运转。

西雅图从一片海湾，变成了一座可以让人驻足，可以持续经营的城市。

作者｜夏洋洲

图腾与木雕
原住民艺术的灵魂
Totems and Carvings: The Spirit of Native Art

在街角与林间，图腾与木雕
静静地讲述着比西雅图更早的时光。

图腾，是雕刻在红雪松上的故事柱。刀痕代替文字，动物与人物承担叙述。乌鸦、熊、狼、鹰、人类、雷鸟与植物依次出现，彼此叠合，构成一段可被仰读的历史。在特林吉特(Tlingit)的神话中，乌鸦象征魔法与知识，无所不至，也无所不知；熊代表力量与守护；狼呈现忠诚与合作；鹰体现着勇气与自由；雷鸟则作为氏族的象征，指认祖先的来处与特征。图腾既是家族的记录，也是灵界、自然与人世之间的通道，被认为具有抵御邪恶的力量。

二十世纪初西雅图先锋广场上的图腾柱

在今日的西雅图，大小不一的图腾与木雕散布于街角、公园与广场，立于繁忙的城市节奏之中。然而，图腾并非这片土地原住民的本土传统。1899年，一根从阿拉斯加偷运而来的“Chief of All Women”图腾，被当作城市象征安放在先锋广场，后遭焚毁又重建，如今仍立于先锋广场。1909年，为西雅图博览会建造的鸟居门(AYP Tori Gate)，将日本门式结构与图腾木雕结合在一起。原门因老化而拆除，新建后的鸟居门现立于苏厄德公园(Seward Park)中。

最具萨利什(Salish)原住民风格的木雕，是位于奥克西登塔尔公园(Occidental Park)的四座图腾，由杜安・帕斯科(Duane Pasco)于1987年雕刻并安放，遵循太平洋西北海岸印第安人的传统。老鹰、怀抱鲑鱼的熊、乌鸦与虎鲸依次呈现。其中最高的一

西雅图民众身穿图腾柱服装游行 (1912)

杜安·帕斯科创作的的萨利什 (Salish) 原住民风格木雕

座为太阳与乌鸦，高达35英尺。其旁的虎鲸图腾，雕刻出一只虎鲸的尾鳍，上方骑着一个人，象征家庭、沟通与长寿，被视为保护旅人、引导归途的存在。

华盛顿广场上的熊木雕

广场中，另一座熊的雕像同样由西部红雪松雕成。它竖起双耳，露齿而笑，双爪抱胸，姿态滑稽而亲近。与熊相对而立的是Tsonqua，深林中的野女人。她高13英尺，由雪松雕刻并施以彩绘，被描绘为游荡于森林的巨人，令人敬畏，也令人恐惧。传说中，她能为人带来财富、食物与好运，同时也会寻找那些离家太远、不听话的孩子，

深林中的野女人木雕

将他们装入篮中，带回家。但因她笨拙而缓慢，孩子往往能凭机智逃脱。下垂的胸部、内缩的眼睛、凹陷的脸颊，是她最显著的特征。她紧抿双唇，张伸着拥抱的双臂，发出低沉的“呼！呼！”声，成为母亲用以约束孩子的古老警告。

这些图腾立于红砖铺成的广场，与树林相伴，也被高楼环绕。它们不言不动，却在城市的缝隙中，继续讲述着自身的历史。那些坐在木雕石阶上歇息的人们，在繁杂的城市噪音中，随着风的轻抚，也许仍能够听见深林野女人的呼叫：“呼！呼！”

作者丨雅兰

艾略特湾与航海百年史

Elliott Bay: A Century of Maritime Heritage

船只来去，航线更替，
艾略特湾在数百年的潮汐中，
悄然写下西雅图与世界相遇的方式。

艾略特湾安静地躺在普吉特海湾的一角。同样面向太平洋，它没有旧金山湾的壮阔，也少了温哥华港的雄伟，浅蓝的海色更像一位收敛而自持的女子。也因此，这片水域在数百年的航海史中，默默承担着连接与承载的角色。

在欧洲人到来之前，普吉特海湾的水面早已被原住民熟练地往返穿行。杜瓦米什人世代生活在此，手工雕刻的红松独木舟是他们最重要的交通工具。舟身修长，吃水极浅，既可顺着河口进

从艾略特湾远眺西雅图市中心

入内陆，也能穿行于海湾错综复杂的水道。鲑鱼、贝类与海藻构成日常生计，独木舟则把不同部落连接起来，进行贸易与交流。那时的海湾，节奏缓慢，却自有秩序。

1792年，英国航海家乔治·温哥华率船队进入这片水域，对太平洋西北沿岸展开系统测绘。数十年后，航海图上的线条，终于引来了第一批定居者。1851年，纽约移民在杜瓦米什河口登陆，临水而建的小型贸易点，很快因地理优势成长为港口雏形。三面环陆、风浪较小、潮汐稳定，加之冰川运动留下的深水航道，使艾略特湾成为天然的不冻港。

木材贸易率先让港湾忙碌起来。19世纪中叶，帆船装载着西北地区的雪松与冷杉，驶向加州、加拿大，甚至更远的地方。亨利·耶斯勒在如今先锋广场附近建起蒸汽锯木厂，原本属于杜瓦米什人的森林，被一根根送入海中。木材化作财富，也迅速塑造了城市的性格。

发财的，讨生活的，避世的，寻欢的，各色人种蜂拥而至。艾略特湾从一处水域，变成了生计与机会的交汇点。

1897年，克朗代克淘金热让西雅图迎来真正的转折。成千上万的寻金者从艾略特湾出发，北上阿拉斯加。帐篷、工具、粮食、船只在码头堆积，造船业与航运业随之繁荣，西雅图也因此获得了“黄金之门”的称号。并非所有人都能登船。有位名叫陈阿福的华人码头工，想要随船北上，却被挡在岸边，只能继续搬货、修桩、清理船底。后来，他写信给家人：“船每天走，海每天在，我却始终在岸上。”这片港湾，自此成了有人远行、有人滞留的所在。

进入20世纪，艾略特湾迈入制度化与现代化阶段。1911年，西雅图港正式成立，成为美国第一个通过公共立法建立的港口。第一次世界大战期间，木船与钢船的高效建造，使西雅图一度成为全美第二繁忙的港口，仅次于纽约。20世纪50年代，金属箱式

艾略特湾中央海滨 56 号码头区

空中俯瞰艾略特湾

运输率先应用于阿拉斯加贸易，货运效率被彻底改写，集装箱化的时代随之展开。

港口的角色，也在不断变化。渔业、造船、军工、集装箱运输在不同年代轮番登场。进入21世纪，艾略特湾不再只是货物进出的通道，也成为可持续航运与环境修复的重要实验场。码头一侧，双桅帆船仍会驶出港湾，延续传统航海的节奏；派克市场自1907年起，依旧汇集着海鲜与手工艺。另一侧，集装箱货轮缓缓出港，高耸的箱体映衬着远方的奥林匹克雪峰，来自长荣、阳明的船只穿梭其间，航线通向世界各地。

数百年来，从独木舟到蒸汽船，从淘金热到集装箱时代，船只来去，航线更替，艾略特湾见证了无数出发与抵达，悄然塑造了这座城市的样子。

作者 | 夏洋洲

浓烟从 Pontius 大楼冒出，火势迅速蔓延

西雅图大火 (1889)
烈焰后的新生

The Great Seattle Fire (1889): Rebirth from Ashes

一场大火过后，
一座更坚固的西雅图在废墟中重建，
更多的人在这座城市扎根。

1889年的西雅图，冬春反常地少雨。进入6月，风势渐强，却未带来水汽，反而加剧了空气的干燥。6月6日，对24岁的瑞典青年John Back来说，本应只是一个寻常的工作日。他是Clairmont橱柜作坊的学徒，日常工作无非是清理现场、准备材料、保养工具。午饭过后，他照例将一锅胶水放在炉上加热，供木匠使用。

Clairmont作坊位于当时西雅图最热闹的商业区Front街与Madison街交会处一栋名为Pontius楼的地下二层。彼时的西雅图正因木材贸易与水运而迅速崛起。港口繁忙，商铺密集，向西推进的大北方铁路工程为城市注入了强劲动能。Front街一带酒馆林立，商人、顾客川流不息，笑语喧哗。彼时的人们，对这座城市的未来充满信心。

然而，繁盛之下，也隐伏着危机。市中心建筑几乎清一色为木结构，架设在木制高脚架之上。木材在当地廉价而充足，下水道与供水系统，也多由掏空的原木拼接而成，靠木支架支撑。整座城市，看似热闹，却轻巧而脆弱。

John没有注意到锅中的胶水已经沸腾溢出。胶水滴落在炉火上，瞬间被引燃。他慌乱中提来一桶冷水泼向锅中，试图灭火，却酿成了致命的失误——燃烧的胶水四处飞溅，引燃了地面上尚未清理、浸满松节油的木屑。

消防队赶到时火势已近失控

大火过后的西雅图商业区

下午两点半，火起。木屑随即点燃作坊内堆放的木材和橱柜，火焰沿着木制梁柱迅速攀升，冲入上一层的油漆作坊。油漆助燃，火势骤然暴涨，顷刻间吞没了地面的鞋店。当日的强风推波助澜，火星被吹向邻近酒馆的酒窖，一桶桶威士忌接连爆炸，浓烟腾空。建筑底部那些木桩之间的空隙，成了火焰肆意穿行的通道。不到一个半小时，整片街区便陷入火海。

当时的西雅图，仅有一支志愿消防队和一辆由马匹牵引、配备蒸汽水泵的消防车。市区消防栓稀疏，往往隔两三个街区才有一个。消防员赶到时，火势已近失控；而本就脆弱的木制水管，很快在高压下全面瘫痪。有人提议从艾略特湾抽水灭火，却偏逢退潮，水管长度不足。市长甚至调来炸药制造防火隔离带，强风却将火焰直接吹过隔离线。

大火整整燃烧了近18个小时。

至6月7日清晨火势熄灭时，包括商业区、码头和火车站在内的五十多个街区、逾百英亩土地几乎夷为平地，只剩瓦砾与灰烬。经济损失高达约两千万美元，五千名工人因此失业，数以千计的居民流离失所。万幸的是，这场大火人员死亡极少，且无明确统计。

灰烬尚未冷却，城市已经开始重新运转。援助迅速从四面八方涌来。塔科马、波特兰、旧金山、维多利亚等城市送来了志愿者、帐篷、毛毯和食物。第二天，便有商家在废墟上支起帐篷，继续营业。

大火后的一周内，市政府连续召开市民会议，迅速检视并修补城市在灾难中暴露出的缺陷：受灾区域禁止再建木制建筑，新建房屋一律采用砖石结构；道路被要求拓宽、拉直，并整体抬

大火过后，西雅图迅速开始重建

高；排水系统同步升级，采用砖石重建的商家可优先获得银行贷款支持。四个月后，西雅图成立了第一座正式消防局，不久又接管水电系统。重建过程中，城市决定摆脱原本潮湿低洼的海滩地形，将街道整体抬高3米至1米，从地基开始，重塑一座更坚固、有序的城市。

重建带来了巨大的劳动力需求。西雅图人口从两万增长至四万，建筑材料与资本从西海岸各地涌入。短短一年，就有四百多座砖石建筑从木屋的灰烬中拔地而起；一年半后，大火的痕迹几乎被完全抹去。西雅图一跃成为华盛顿州最大的城市。

还有一个常被提起的细节：这场大火烧死了一百多万只老鼠，以及无数蜱虫、跳蚤和其他害虫。仿佛在毁灭与重建之间，城市顺带完成了一次彻底的清理。

今天，若你走进西雅图，仍能看到1889年那场大火留下的痕迹。在先锋广场一带，城市地表之下，仍封存着那场大火之后的原始街道与建筑基座。火灾过后，西雅图整体抬高了街道，旧日的店铺、人行道和地下室被埋入地下，成为今日所说的“西雅图地下城”。那些被掩埋的空间，安静地留在城市脚下。

对今天的旅行者而言，来到西雅图，不只是看雨雾中的港湾与雪山，也是一场向下的行走——走进城市的底层，踩在旧街道之上，看见一座城市在烈焰之后，如何继续生长。那一年，街区被烧毁，城市的方向却被定了下来。

作者｜萧荔彦

阿拉斯加淘金潮

北方带来的黄金年代

The Alaska Gold Rush: Seattle's Golden Age

克朗代克淘金潮改变了无数人的命运，
也改写了一座城市的未来。
西雅图，正是在那场向北的奔赴中完成了自己的崛起。

波特兰号汽轮驶入艾略特湾（1910）

每年6月到10月初，普吉特湾的海风格外清朗，上百万人次的游客从西雅图出发，乘游轮穿过海湾，沿着太平洋东北角一路北上。有人追逐阿拉斯加几乎不落的夏日，与雪山和鲸鱼对望；有人深入冰河峡湾，在冰川碎裂入海的巨大声响中惊叹自然的磅礴。这是一条成熟而舒适的航线。

但很少有人知道，一百多年前，沿着相似路径北上的，并非游客，而是成千上万的追梦者。他们的行囊里装着铁锹与面粉，也装着改变命运的渴望。正是那场北上的淘金潮，带来了西雅图最初的黄金年代。

一艘船，点燃一座城

1897年夏天，一艘名为“波特兰号”的轮船缓缓驶入西雅图港口。船上68名探险者带回约50万美元的黄金——按今天的价值，相当于数千万美元。报纸以极富感染力的标题宣告：加拿大

登船前往阿拉斯加的淘金者（1905）

“罗阿诺克号”汽轮将成箱的黄金运抵西雅图港（1899）

育空地区的克朗代克河流域发现了金矿，这些黄金正来自那里。

与此同时，另一艘满载金矿的船也抵达旧金山。一夜之间，“克朗代克淘金潮”席卷北美。无数怀着一夜暴富梦想的人踏上征途。1853年才得名的西雅图，是一座年轻的港口城市，却迅速抓住机会，自称为“通往金矿的门户”。在大约十万名淘金者中，有七万人选择经西雅图出发。本地警察、店员、报社职员，甚至市长，都有人辞职北上。

整座城市仿佛被一种闪着金光的希望推着向前。

一吨梦想的重量

淘金之路漫长而艰难。人们从西雅图登船，抵达阿拉斯加东南部的史凯威或戴亚，上岸后翻越海岸山脉，再渡湖进入育空河，顺流数百公里，最终抵达淘金热中心——道森城。全程约1600公里。冬季气温可低至零下40度，当地几乎没有农业存在，物资运输极度困难。

加拿大政府规定，每位进入育空地区的淘金者必须携带约一年的食物和必需品，总重接近一吨。这个规定挡住了毫无准备的人，却极大增加了进入成本。

于是西雅图成了梦想的集散地。

淘金者们在这里采购食品、工具、衣物、帐篷与船只，办理保险，兑换资金。码头昼夜运作，船运公司扩张，零售、仓储与银行业务迅速增长。克朗代克地区出产约2600万美元黄金，而淘金者为此付出的花费高达6000万美元。黄金埋在北方冰雪里，财富却在西雅图的街道与港口之间流动。

短短几年，西雅图人口从5万6千人增长到8万人。淘金潮带来的税收与资本，推动城市基础设施升级。西雅图由此完成了从“木材小镇”到“太平洋西北重要商业中心”的转变。

克朗代克淘金潮国家历史公园

真正的赢家

在今天西雅图的城市中心，先锋广场一幢安静的三层红墙建筑中，有一个克朗代克淘金国家历史公园的西雅图展览馆(Klondike Gold Rush National Historical Park Seattle Unit)，里面保存着这段历史。

展厅里陈列着原版淘金装备、泛黄的历史照片、动态地图以及当年西雅图商家的宣传海报。那些广告语比黄金还闪亮——它们售卖的既是铁锹与面粉，也是希望本身。这座展馆也可以看作是西雅图“城市经济起源”博物馆。

从展馆往西步行几分钟，就来到海湾。周围高楼拔地而起，港口忙而有序。若稍稍放慢脚步，仿佛还能看见一百多年前的码头：面粉与铁锹堆放如山，人群拥挤着装运物资、等待登船，船只鸣笛，蒸汽升腾。淘金者中，真正带回巨额财富的人并不多。但他们留下了资本、人口与城市的信心。

西雅图才是那场淘金热真正的赢家。那次北上远行，也为这座城市奠定了一种精神底色——既务实，又热情拥抱变化与未知。后来航空制造在这里起飞，科技浪潮在这里兴起，一次又一次新的“黄金年代”在不同领域上演，很难说不是这一精神的延续。

船只鸣笛出港，今日的西雅图，也重复着淘金者的姿态，继续驶向新的远方。

作者丨顾芮

移民潮

从斯堪的纳维亚到亚洲

Waves of Immigration: From Scandinavia to Asia

在这片早已有历史的土地上，
一代代迁徙而来的人们，参与写下了西雅图的城市故事。

北欧古老诗意里，常有这样的漂泊感：

我们并非生于此地，
也未被许诺久居。
房屋立在风中，
名字写在水上。
今日称之为家，
明日，船已解缆。

这几行诗，像是为西雅图预先写下的注脚。

19世纪末，当第一批北欧移民结束漫长而艰辛的航行，奥林匹克山脉的轮廓在雾气中显现出来。群峰起伏，白雾低垂，海湾向内展开——那一刻，许多来自挪威、瑞典、丹麦、冰岛和芬兰的人，恍惚觉得自己回到了熟悉的峡湾：寒冷、陡峭、被森林和海水环抱。

普吉特湾正是这样一片让北欧人误以为“回到故乡”的土地。这里有深水港，有鱼群，有可以谋生的航道与森林。北欧移民在此停下脚步，从渔业、伐木、农耕开始，在雨水充沛的土地上搭建起新的生活。到20世纪初，斯堪的纳维亚裔已成为华盛顿州移民中最重要的族群之一。今天的Ballard区，面包的香气、啤酒屋的喧声、博物馆里的老照片，以及每年5月的挪威宪法日游行，仍在城市街道上反复讲述那段北方记忆。

西雅图从来不是被单一文化塑形的城市。

早在19世纪60年代，第一批中国移民已经抵达这里。他们多来自广东沿海，在铁路工地、淘金河道、罐头厂和伐木场中劳作，为城市的扩张填补了最艰辛的空缺。随着城市发展，他们却逐渐成为被排斥的对象。排华法案切断了移民通道，骚乱与驱逐让许多华人被迫离开。但他们并未消失——他们留下了街区、商铺、饮食与劳动的痕迹，成为这座城市历史中无法抹去的一层。

西雅图早期挪威裔的移民家庭

瑞典移民在西雅图开办的乳品工厂（1914）

沿着这些已经铺设好的轨迹，日本移民在19世纪末陆续到来。他们在农业生产、商业经营与社区建设中迅速站稳脚跟。20世纪初，西雅图一度拥有全美规模最大的日裔社区之一。后来，战争带来了强制迁移与断裂，但也带来了重建。今天的国际区，依然保存着这段记忆的回声。

早期中国劳工

时间继续向前。菲律宾移民通过合同劳工制度进入港口、医院和服务行业；越战结束后，越南及东南亚难民在这片海湾重新安家；来自韩国及其他亚洲国家的人们，也在不同年代陆续抵达。不同的语言、肤色与信仰，在这座城市的雨水与街道中交汇、叠加。

人们仍在不断来到这里。到2025年，西雅图的人口已超过80万，西雅图—塔科马—贝尔维尤的大都会区也在持续扩展。作为一座港湾城市，这里拥有相对较高比例的亚裔人口，同时保留着非裔、拉丁裔及更多族群的文化存在。走在街上，听到的语言又多了几种，餐馆的味道更复杂了，节日的音乐也愈加丰富。走在其中，很少需要刻意分辨，各种声音与气味自然地交织在一起。

西雅图的国际气息，并非一夜生成。这是一座由迁徙写就的城市，它来自无数次到来、停留与坚持；来自一次次被拒绝、被驱逐、又重新扎根；来自那些在报酬低微、工作艰苦的岁月里，依然选择留下的人。

热闹的西雅图中国城夜市

作者丨雅兰

铁路的终点

大北方铁路与城市崛起

End of the Line
The Great Northern Railway & Seattle's Rise

铁路企业家詹姆斯·J·希尔的雕像

一座火车站，
串起西雅图从铁路工业时代
到数字时代的城市变迁。

如果你第一次走进西雅图的国王街火车站(King Street Station)，多半会不自觉地放慢脚步。

花岗岩砌起的墙面在光影中显得沉稳而克制。拱形的天花板下，马赛克瓷砖与护墙板静静铺陈。站在大厅中央抬头望向那座高达242英尺的钟楼，很容易让人联想到威尼斯圣马可广场的轮廓，甚至也会浮现出清末民初济南老火车站的影子。在西雅图，这里与邮政总局大楼曾一同构成城市最早、也最醒目的地标。

这座始建于1906年的火车站，是美国大北方铁路在太平洋西北角的终点。从空中俯瞰，国王街火车站像一枚嵌在城市边缘的铆钉。它与横贯美国的太平洋铁路并行不悖，各自伸展，却共同完成了一件事——把西雅图稳稳地固定在北美大陆的交通版图之中。铁轨在此暂歇，又从这里继续向北，通往加拿大温哥华；向南，则沿着西海岸一路延伸，串联起旧金山、洛杉矶、圣地亚哥。对西雅图而言，这里并非旅程的终点，而更像是一处与世界握手的地方。

1906 年国王街火车站候车室一角

19世纪末，美国的铁路建设如同一场缓慢却不可逆转的地理重塑。从明尼苏达州圣保罗出发，穿越北达科他和蒙大拿，抵达华盛顿州西海岸，全长约2600公里的大北方铁路，背后站着的是19世纪的铁路企业家詹姆斯·J·希尔。

这条铁路并非一蹴而就。修筑过程中，曾有大量华工参与其中。他们的名字未必写进史书，却用双手把西雅图与美国内陆真正连在了一起。1889年，希尔整合多条铁路线，正式定名“大北方铁路”。一个世纪后，这条线路又与其他铁路系统接轨，最终并入伯灵顿北部和圣达菲铁路网，成为今日仍在运转的交通动脉。

铁路修到西雅图之后，城市的变化几乎立刻显现出来。街道不断延伸，港口愈发繁忙，新的人口与新的生活方式接连涌

现今的国王街火车站外观

入。不久，第一辆有轨电车出现在街头，那是火车在城市里的近亲，由弗兰克·奥斯古德旗下的西雅图街铁路公司运营。到1891年，西雅图已拥有78英里长的电车轨道，放在当时的世界范围内，也称得上名列前茅。

大北方铁路带来的，不只是速度，也悄然拓展了这座城市的在教育和文化领域的视野。

早在1861年，华盛顿大学便已在西雅图扎根。依山傍水的校园，让学术与自然在同一片空间里共存。百余年来，这所大学持续为城市输送思想、技术与人才，也在无形中塑造了西雅图温和而理性的城市气质。

1897年，另一场改变城市命运的事件发生了。轮船“波特兰号”带着“一吨黄金”驶入西雅图港口，来自克朗代克河的消息迅速点燃了淘金热。西雅图一夜之间成为通往阿拉斯加的门户。今天，人们仍能在克朗代克河淘金热国家历史公园里，看到那段躁动而狂热的历史痕迹。

随后，运河修通，湖海相连；巴拿马运河开启后，西雅图成为美国通往亚洲的重要港口。再后来，1917年，威廉·波音在这里创办了波音公司，航空工业的翅膀从这座城市展开。二战期间，西雅图成为“民主国家的兵工厂”，B-17与B-29轰炸机从这里走向战场。到20世纪60年代，波音747的研发，使西雅图站上了全球航空工业的舞台。

如果说，早年的工业发展，让西雅图一步步成熟起来；进入数字时代，这座城市又有了崭新的发展方向。

20世纪70年代之后，比尔·盖茨与保罗·艾伦将微软带回家乡；1994年，杰夫·贝索斯在对岸贝尔维尤的车库里创办亚马逊。科技企业的崛起，改变了城市的经济结构，也重新书写了“雨城”的全球坐标。

今天的国王街火车站候车室
仍保留着一个多世纪前的建筑风格

然而，西雅图远不只是微软、波音、亚马逊与星巴克等世界级企业的总部所在地。这座被常青树环绕的“翡翠之城”，更像一面多棱镜：原住民文化的回声、铁路与港口的扩张、工业时代的代价、科技创新的锋芒与阴影，在这里彼此折射。今天，当我们坐在星巴克里，用Kindle读着关于气候变化的新闻的时候，我们其实正置身于这部复杂历史大书的当下章节。

国王街火车站的时间依旧准点，却不再催促谁赶路。西雅图真正的可贵之处，不是天际线的高度，而在于她如何从容应对瞬息万变的时代挑战。

作者丨桑宜川

二战与波音
天空上的西雅图
WWII & Boeing: Seattle in the Skies

战争远去，天空留痕；
参观波音，成为理解西雅图的一种方式。

探索西雅图，有一种体验常常被认为是“非来不可”：走进全球最大的飞机装配厂——波音公司总部，亲眼看到巨大的机身如何一步步从钢铁与精密配件中诞生。城市北部的Paine Field 一带，跑道贴近地面，飞机起降离人很近，机身在视线中滑行、转弯、抬升，与道路和树林并列出现，像是这座城市早已习惯的平常。

机翼的设计制造

参观从波音公司的Future of Flight航空中心开始。建筑紧贴机场一侧，展厅把结构与制造的逻辑一层层展开，屋顶观景平台正对跑道。在导览的带领下，进入埃弗里特(Everett)的装配厂，厂房空间向四周展开，机身分段安置在支架上，从结构段到整体成形，装配过程依次推进。约80分钟的行程里，来自世界各地的参观者在同一条动线上缓慢前行，安静地观看波音如何把自己写进西雅图的天空。这一体验常常提前售罄，也逐渐成为西雅图最具象征性的城市记忆之一。

飞机制造厂的停机坪

而在不算久远的过去，西雅图与天空之间，还远没有这样紧密的联系。

1910年代，西雅图城南的杜瓦米什河畔堆着木材。河水在雨季涨落，码头边始终潮湿。这里靠近港口，是木材、船只与铁路交汇的地方。一位从耶鲁大学辍学、来到西部的奥地利裔青年威廉·波音，在河岸租下一间船棚，从事木材加工与修船生意。那时的西雅图向外张望的方向，是海湾与航线，而不是天空。

一次航空展改变了他的视线。回到西雅图后，波音开始研究飞行结构，购买航空书籍，向飞行员请教。1916年，在那间紧贴水面的船棚里，他与工程师造出了一架水上飞机，并成立了公司——波音。公司最初的活动范围，仍然围绕湖泊与河道展开，飞行与水面并存。

20世纪30年代，厂房沿着河岸向北延伸，逐渐靠近更开阔的地带。木屑的气味消散，取而代之的是金属、机油与电焊的味道。B-17在这里成形，发动机在雨雾中启动。装配线与城市节奏相互牵引，工厂班次、港口作息、交通流向，都开始围绕航空工业重新排列。

1941年冬天，珍珠港的消息传来后，西雅图进入高度集中的运转状态。清晨的电车挤满通勤者，夜里的厂房灯火通明。咖啡馆在凌晨保持营业，夜班工人进出不断。女人进入装配线工作，铆枪在手心留下痕迹，随后又被熟练取代。日裔家庭的房门在短时间内关闭，人们被迫离开，屋内留下尚未收拾的狼藉。与此同时，波音制造的B-17(飞行堡垒) 从西雅图起飞，飞向太平洋。B-29（超级堡垒）出现后，厂房被加高，跑道向外延伸，城市一次次为飞机拓展边界。

战争结束后，装配线短暂停止。喷气时代到来，707、727、737、747相继起飞。为了装配747，西雅图北部修建起巨大的厂房，与Paine Field连成一体。自行车成为厂内常见的交通工具。

波音B-17“飞行堡垒”（Flying Fortress）是二战期间美国的主力重型轰炸机

波音工厂内部

在阿波罗登月计划中，波音承担了火箭第一级的结构与系统工程。相关设计与测试工作，集中在西雅图地区完成。太空探索的某些关键节点，也由此与这座城市产生了联系。

今天，波音在西雅图地区分布在多个地点：从最早的河岸船棚，到湖畔与水上飞机起降区，再到北部的装配厂与机场。装配中的飞机被固定在支架上，零部件沿着既定路线移动，检查与确认贯穿整个过程。这种节奏也逐渐进入城市生活，举办工程教育、技术社区、校园里的机器人竞赛，以及对下一代工程人才的持续投入。

站在艾略特湾边，看着737与787掠过云层，很难再想起B-17铆钉落下的声响。西雅图学会了仰望天空，甚至太空；而波音，正是二战年代留下的一双翅膀，保留着那一时期反复锻造出的耐心与坚韧，塑造着今日的西雅图。

作者｜阚喆

日裔美国人的迁徙与记忆

Japanese Americans: Migration & Memory

在城市的街角与记忆之间，
这是关于迁徙、归来与坚守的故事。

1941年12月7日，珍珠港的清晨被飞机的轰鸣声撕开。军舰仍停泊在港口，海面看似平静。几个小时之后，美国正式卷入战争。远在西北海岸的西雅图，还未完全意识到，这一天将改变许多家庭的命运。

西雅图日本移民1908年在South Main街建造的第一个佛教寺院

西雅图商业区的日本服装店（1919）

二战期间位于爱达荷州的一个日裔移民拘禁营

日裔移民进入拘禁营

在那之前，日裔社区已在西海岸扎根数十年。19世纪末，日本移民陆续抵达太平洋西北。他们多来自广岛、山口与九州，在港口、农场与渔船上找到工作。西雅图的日本城Nihonmachi逐渐形成，在今天的国际区一带延展开来：杂货铺、澡堂、照相馆、佛寺与语言学校并肩而立，日文报纸在街角出售。第一代移民多数无法取得美国国籍。孩子们在美国出生，在学校里学习英语与美国历史，回到家中，则听长辈讲日语。两种语言在同一屋檐下并行。

到20世纪30年代，日本城已成为西雅图的一部分。市场里的摊主和顾客有彼此熟悉的面孔，街区之间往来稳定。珍珠港之后，气氛迅速改变。曾经熟悉的邻居忽然变得可疑。1942年，第9066号行政令颁布，西海岸的日裔美国人接到通知，只能携带有限的行李，在极短时间内离开，房屋与商铺都来不及处理。

班布里奇岛的居民成为最早被带走的一批。渡轮驶离码头时，甲板上站着沉默的一家家身影。船开往无人知晓的终点。许多来自西雅图的日裔居民最终被送往爱达荷州的米尼多卡拘禁营。那里干燥开阔，与海湾城市的湿润气候完全不同，四周铁网围起，岗哨俯视。

即便如此，日子仍然继续。孩子上课，大人种菜、办报纸、组织棒球比赛。有人在营地里结婚，有人在那里度过青春。尊严在有限的空间里，被小心地保存。有人在失去自由的时刻选择参军。由日裔美国人组成的第442步兵团后来成为美国军史上获勋最多的部队之一。那是一种复杂却坚定的决定：在怀疑与偏见之中，为国家而战。也有人用相机与文字记录营地生活，为后来的人留下证据。

1945年8月15日，太平洋战争结束。拘禁营逐渐关闭。日裔美国人被允许返回西雅图，却发现一切已不同于往昔。房屋被他人占据，生意难以恢复，日本城的规模无法回到战前。重建不再是一场集体回归，而是一个个家庭缓慢而持续的努力。

社会的偏见并未立刻消失。直到1952年，《移民与国籍法案》通过，第一代移民才终于获得归化入籍的权利。身份在法律上得到确认，生活才真正有了稳定的落点。寺院重新开门，语言学校逐渐恢复。节庆回到街道，却比从前低调。1988年，美国政府正式为二战期间的强制拘禁道歉，并提供象征性的赔偿。那份迟来的承认，让历史不再只是家庭里的低声回忆。

1975 年的西雅图 Uwajimaya 日本超市

今天，如果走进国际区，很难错过日本超市Uwajimaya。这家超市最初由森口藤松于1928年在塔科马创立，当时只是用卡车售卖自制鱼饼和日式食品。战争期间，森口一家被迫进入拘禁营，生意中断。战后，他们在西雅图国际区重新开张。

夏天，太鼓的节奏在公园响起；纪念活动在港口举行。走在国际区，新店铺不断出现，语言交织。日本城尽管已不复旧日规模，但它依然坚守在寺院的屋檐下，在超市的灯光里，也在那些仍被讲述的故事中。

作者｜梁颖

水上人家
浮屋与城市的共生

Houseboats: Living with Water

浮屋停泊在陆地与水之间。
在西雅图，水不是背景，而是一种生活。
宜居，从来不止一种方式。

沿着联合湖与波特奇湾一线，一排排浮屋静静泊于水面，既不远离城市，也不完全属于陆地。它们像一串系在城市边缘的归舟，让人一眼就明白：这里是一座与水共生的城市。

浮屋不同于船只，它是一种可以长期居住的“房子”。它们以混凝土或木制浮筒为基础，固定在码头上，通过栈桥与陆地相连，拥有完整的水电系统和正式的邮政地址。屋内的生活与陆地并无二致，只是窗外的风景仿佛在流动，随着湖水的缓慢晃动而轻微起伏。

浮屋与栈桥间修剪整齐的花木

浮屋在西雅图并非新鲜事物。早在19世纪末，随着港口贸易和木材产业的兴起，大量劳工涌入城市，住房一度紧张，湖面成了可以被利用的空间。最早的浮屋结构简陋，多由木筏和废材拼建，居住者多是渔民、船工或码头工人。对他们而言，住在水上并不是浪漫的选择，而是现实生活的权宜之计。

浮屋介于山水之间，既不漂泊，也不固守

20世纪中叶，城市不断扩张，土地价值攀升，浮屋开始被重新审视。它们既不完全符合传统住宅的规范，又被认为会影响水域管理和城市规划。一些水上社区被清理，浮屋数量一度锐减。与此同时，留下来的居民开始通过法律和社区组织的方式，为这种生活形态争取合法性。

让人庆幸的是，这座城市最终选择了折中的方案。浮屋被允许继续存在，但在数量、位置和建造标准上受到严格限制。发展并未将它们彻底驱逐，反而在规划与妥协中，为它们留出了一席之地。从此，浮屋成为城市规划中一种特殊而稳定的存在，也逐渐演变为西雅图独特的城市符号。

上世纪90年代，一部电影《西雅图不眠夜》让浮屋走进了全球观众的视野。银幕上，水上住宅承载着关于孤独、陪伴与重新开始的想象，使这种原本低调的居住方式，带上了一层温柔的光晕。多年之后，许多人仍会在记忆中想起那些静静漂浮的屋子，仿佛湖面轻轻荡起的涟漪。

如今，行走在联合湖和波特奇湾一带，浮屋与岸边的公园、咖啡馆和书店彼此映照。沿湖散步时，常能看到浮屋的主人在栈桥上修剪花草，或坐在露台上读书、喝咖啡。偶尔有游艇掠过，拖出一道缓慢延伸的水痕，浮屋随之轻轻晃动，却始终稳稳停在原处。

这些低调的水上居所，既没有漂泊，也不固守，介于陆地与水面之间，宛如这座城市本身：在变化中保持节奏，在流动中寻找平衡。对旅行者而言，浮屋并非传统意义上的景点，却是一扇理解城市的重要窗口。它们告诉我们，所谓什么是宜居，可以不只有一种答案。

作者｜钟梅

吉米·亨德里克斯
摇滚传奇的早年
Jimi Hendrix: The Early Days of a Rock Legend

从一把只剩一根弦的乐器开始，
他把个人的孤独，弹成了整个时代的回声。

到访西雅图，如果独自走进一间深夜的酒吧，或许会听到熟悉的旋律迎面而来——吉米·亨德里克斯的《紫烟》在空气中回旋："紫烟袭进我的眼，不知白天或黑夜……"音色迷离，仿佛仍在这座城市的夜色中游荡。

吉米和他的乐队

作为美国吉他手、歌手与词曲作者，吉米·亨德里克斯被普遍认为是有史以来最具影响力的吉他手之一。1992年，他以"吉米·亨德里克斯体验"（The Jimi Hendrix Experience）成员身份入选摇滚名人堂。评语称他"或许是摇滚音乐史上最伟大的器乐演奏家"。

演出照

1942年，吉米出生于西雅图金县医院（现为港景医院）。母亲当时很年轻，父亲当时在军中服役，直到三岁他才第一次见到父亲。童年时期，他辗转寄居于亲戚与朋友之间，是家中五个孩子中的长子。他从小性格内向而敏感，九岁时父母离异，他与弟弟由父亲抚养，生活始终拮据。

音乐很早便进入他的世界。15岁时，父亲注意到他的兴趣，为他找来一把只剩一根弦的旧尤克里里。简陋的乐器，却成为最初的起点。1958年，母亲去世。同年夏天，他用5美元购得一把二手吉他，很快加入了人生中的第一支乐队，并开始沉浸于布鲁斯音乐之中。

第二年夏天，他拥有了第一把电吉他。此后，他陆续为多位知名音乐人担任伴奏吉他手，逐渐磨炼出独特风格。作为左撇子，他反向持琴、反向装弦，甚至以牙齿拨弦，将演奏转化为一种近乎身体化的表达。他不识谱，也未受过系统训练，一切几乎完全依赖听觉与直觉。十六七岁时，音乐已成为他唯一的重心。

1961年，他选择了参军。在军中，他依旧与志同道合的士兵组建乐队，音乐从未离开。

成名后的短短数年间，吉米将摇滚、布鲁斯与R&B融为一体，兼具主唱、作曲与演奏者身份，迅速改变了电吉他的表现方式。他推动了放大器反馈音效的广泛应用，也是最早在主流摇滚中系统使用效果器的音乐人之一。《滚石》评价他为“将吉他转化为电子声音源的先驱”。

MoPop 展台

1970年9月18日，他在伦敦去世，年仅27岁。短暂而耀眼的音乐生涯戛然而止。

半个多世纪过去，他的声音仍在流动。西雅图市中心的流行文化博物馆(MoPOP)长期展出与他相关的作品与文献；中央区的纪念公园与塑像，记录着他成长的足迹；而在不远处的兰顿，他的墓地以一座巨大的石质吉他为标志，仿佛仍在无声奏响那段未曾结束的旋律。

作者 | 乘方

咖啡之都的诞生
从星巴克到世界

Birth of the Coffee Capital: From Starbucks to the World

西雅图的大街小巷，
总有一抹绿色的美人鱼标志出现。
在这里喝一杯星巴克，
似乎比世界任何地方都更有味道。

星巴克总部大楼

首家星巴克店

无论是在国外邂逅，还是在西雅图街头偶然遇见，街角那抹绿色的星巴克标识，早已成为人们生活中不可或缺的一部分。那简洁的绿色双尾美人鱼标志，不仅仅是咖啡的商业象征，更承载着历史、文化与品牌精神。咖啡馆经典而精致的建筑风格，以及浓郁诱人的香气，将人们吸引在一起。母亲带着孩子前来，年轻人围坐在一起打开笔记本电脑，点上一杯应季特饮，或是一款手工制作的棒棒糖造型巧克力。

不知不觉间，星巴克、iPhone和谷歌地图悄然走入人们的日常生活，没有预告，也无需邀请。截至2022年11月，星巴克在全球80个国家和地区拥有超过35,700家门店，其中超过15,000家位于美国，成为全球规模最大的咖啡连锁企业。2022年，公司在《财富》世界500强中排名第120位，在《福布斯》全球2000强中排名第303位。

星巴克富有创新精神的咖啡文化，最早在西雅图生根发芽，

星巴克甄选的烘培工坊店

灵感源自充满活力与奇迹的派克市场。1971年，弹硌路上一家小小的咖啡店在此开业，为西雅图的咖啡爱好者提供优质咖啡豆，新鲜烘焙的香气随着顾客飘回家中。谁能想到，这家小店，日后竟改变了世界饮用咖啡的方式？

20世纪80年代，一位年轻的纽约客霍华德·舒尔茨加入了星巴克。受到意大利浓缩咖啡馆热烈而充满社区氛围的启发，他决心将这种体验带回美国。他希望将星巴克打造为介于家庭与办公室之间的 “第三空间”，一个人们可以休憩、相聚、享受高品质咖啡的场所。

1987年，舒尔茨收购了星巴克，开启了高速扩张之路。从美国十多家门店起步，如今已发展至全球近38,000家门店。尤其是在中国市场，星巴克加大投资力度，通过数字化门店等举措推动业务增长。它之所以能够成为全球最具影响力的咖啡品牌之一，源于清晰而有力的品牌定位，以及长期坚持的战略执行。到2023年，公司年收入约达530亿美元。

对许多人而言，一天从空气中弥漫的浓郁咖啡香开始。在家门口的便利店、百货商场、机场候机楼……咖啡成为上班族和匆忙赶飞机的旅客清晨的必备。奶香浓郁的泡沫与润滑香甜的咖啡气息，飘过办公室门口，也弥漫在候机大厅。星巴克始终致力于提供一致且高品质的消费体验，其高度可识别的品牌形象，使人们无论身处何地，都能感受到熟悉与安心。

在星巴克，顾客会根据季节选择自己喜爱的饮品。例如炎热天气里的星冰乐，厚重的奶香与沁人心脾的清凉，带来一份甜美清爽；当西雅图的雨季来临，手握一杯咖啡，似乎也无需撑伞。女孩们从停车场走向咖啡店，迎着细细的雨丝，店内香气四溢，熏染了发梢的雨珠，又随着纸杯飘散出来，仿佛为整条街道，乃至整座城市，都添上一抹咖啡的芬芳。

烘焙咖啡豆

作者 | 刘菲

地下之城
紫金光影里的旧城
The Underground City:
An Old City Beneath Amethyst Light

街面之下，保有着西雅图一百多年前的秘密。

在西雅图市中心行走，每隔几十步，就会看到人行道上嵌着一块接一块的石英玻璃。阴天时，它们呈铁灰色，比水泥还要深；一旦阳光普照，便像紫金宝石一样闪烁光辉。行人脚步匆匆，却少有人意识到，光线正透过脚下，照进一百多年前的街道——那里，是西雅图最早的城市。

1865年注册为城市时，西雅图的建筑多为木质结构。街道像海滩，退潮时干燥，涨潮时却被海水淹没。人们在泥水塘里走来走去，并不太在意。因为开往旧金山的贸易货船需要足够的涉水深度，港口比街道重要得多。

真正威胁城市的，是污水。所有污水排入海湾，涨潮时又被推回城里，从每家每户的抽水马桶里倒泄出来，有的甚至冲到六米高。为防止污水倒灌，抽水马桶不得不建在高处。这看似有点荒唐，当时却是生活的真实。

游客参观先驱广场地下城遗迹

1898年的一场大火，烧毁了五十多条街道。木结构建筑在火焰中化为灰烬。灾难的破坏性竟为城市带来转机。重建时，新建房屋必须改为砖石结构，不再惧怕火焰；同时，为了防止潮水倒灌，每条街道两侧加筑高达六米的围墙。人们过街要爬梯子，上墙下墙。有人摔伤，有人丧命，据记载多达十七人。

筑高墙终究不是办法。于是，一个更大胆的计划被提出：削平山坡，用大火留下的灰烬与土石填高街面，把整座城市抬起来。工程浩大，几乎改写地貌。新的街道铺在旧城之上，原来的第一层楼成了地下室，被时间永远保存在地底。西雅图，从此长高了一层。

二战之后，道路与交通工具发达，城市向郊区扩展，老城区渐显萧条。先锋广场一带随时可能被拆除重建。商人和居民无力维修，历史仿佛即将消失。建筑师Ralph Anderson抵押自己的财产，买下老楼，修复再利用，一连整修四幢。后来规模扩大，1977年将一座罐头公司大楼改建成西雅图国际交易中心。几幢被“救活”的大楼，成了街区复兴的桥头堡，吸引餐馆、酒吧和新的住户进入。

与此同时，联邦通过《国家历史保护法》，但具体保护措施迟迟未落地。地下空间更被视为阴暗角落。1904年鼠疫爆发，市中心二十栋大楼被封闭。地下堆放杂物，滋生违法活动，几乎无人提起。

阳光通过人行道上的石英玻璃天窗照进百年前的街道

直到记者Bill Speidel在报纸上撰写专栏，谈论地方掌故。他提出，在保护老城的同时，也应保护地下资源。有人质疑，地下除了老鼠与废弃物，还剩什么？Speidel却说，那是“挂在树上的肉”，自己正在往上跳，替政府摘下来。两天之内，他收到三百封支持信和无数电话，而市政府只收到二十五封反对信。争论持续近十年。

1965年5月，西雅图商会终于给了Speidel一个机会，试验性开放地下城参观。消息传出，五百人报名排队，每人一美元。Speidel原本只是想证明地下有价值，却意外开启了新的事业。到1970年，支持者发展到十万人。市政府正式将先锋广场二十条街列为历史区域，成为西雅图第一个注册的历史遗迹，也名列美国历史街区之中。

地下城的遗迹

如今的“地下城之旅”约90分钟。游客戴着绿色手环，跟着导游穿过酒店侧门，走下台阶，进入旧时大厅。高高在上的抽水马桶、通往围墙的梯子、透光的石英天窗、银行旧门、打字机与印刷设备依然存在。无数管道与潮湿的地面提醒人们，这里曾经与海潮较量。若没有架在污泥浊水上的木条通道，几乎无法走完这段路程。

地下城像一道未加修饰的伤口，那些破破烂烂的历史真迹，赤裸裸地展示着这座城市的来龙去脉。西雅图150多年的历史，从原始森林到烂泥塘，再到现代文明，仿佛只是一个转瞬。紫金宝石般石英天窗静静嵌在路面上，替这座被抬高的城市，留住那一层时光。

作者｜融融

西雅图中国城中华门

华埠——国际区
百年更迭的文化交汇

Chinatown–International District: A Century of Change

西雅图的中国城，
把一段历史写入了汤的温度、
桌的位置和每天准时出现的人身上。

西雅图的中国城，常常隐没在“国际区（International District）”这个更大的名字之下，像一枚被时间反复摩挲的旧硬币。光泽早已褪去，却仍在掌心里留下重量。若不是刻意停下脚步，很容易从它身旁走过，甚至不自知已经进入了一段尚未散去的历史。

19世纪末，华工沿着铁路与港口来到太平洋的尽头。他们修筑铁轨、伐木、进工厂，在城市最边缘的地带落脚。排华法案尚未出台之前，歧视已经存在；法案通过之后，边界被正式划定。居住、工作、身份，都被压缩在有限的空间里。中国城并非规划的产物，而是在挤压之中逐渐形成的聚居地。

1890年代，随着港口扩张与铁路枢纽的建立，华埠成为劳工密集的区域。西雅图大火之后，城市重建，街道抬高，砖石取代木屋，中国城的边界也随之调整。后来又有改名、拆迁与功能重组，它的范围一再缩小，却始终未曾消失。

时间并未停下来等待任何人。街区的名字换过，楼宇的用途改过，熟悉的店铺一间间关门，新的语言与族群不断进入。故事没有消失，只是换了一种更低声的方式存在。它们藏在砖墙的接缝里，藏在褪色的牌匾下，也藏在一些已经无人能准确说清来历的店名中。

今天的中国城，很难用“热闹”形容。街道不宽，楼不高，招牌多是旧式的，被西雅图常年的雨水洗得温顺而疲惫。中文、越南语、日文、英文在这里交错出现，各自占据着生活的一角。

中国城老人们的乒乓大赛

在中国城夜市表演的舞狮队

老茶楼里，推着点心车的手法依旧熟练；小杂货铺的货架上，摆着大型连锁超市里早已消失的酱料与干货，像某种执意留下的生活证据。

下午时分，这里的节奏最慢。游客不多，老人居多。有人坐在街角晒太阳，有人低头下棋，棋盘像一块暂时脱离时间的领地。轻轨从不远处驶过，声音短促而清晰，却没能真正改变街区的步调。这里不是为了供人观光而存在，更像一个仍在运转、却逐渐被城市忽略的生活现场。

中午时分，老茶餐厅靠窗的位置静静等待它的常客。

那位老人来得不早也不晚，脚步缓慢，却很稳。坐下后，他不看菜单。

老板娘把一碗云吞面端上来，清汤，不加葱，照例用粤语问一句："今日点呀？"老人抬头，看她一眼，点点头。

他吃得安静，把面吃完后，把碗推到桌角，在窗边坐一会儿，再起身离开。没有多余的话。

他的家人早已搬离这一带，熟识的邻居换了一轮又一轮，而他选择留下。这家茶餐厅，是他仍然可以顺畅开口、被理解回应的地方。在这里，说对一种语言，点对一道菜，本身就是一种被确认的存在。

中国城的现实并不轻松。老店关门，租金上涨，年轻人外流。关于安全、衰败与未来的讨论，总会周期性地出现在新闻里。它早已不是华人唯一的聚集地，也不再占据生活上的便利位置。这里保存的，是几句重复了几十年的问候，是一碗味道始终如一的汤，还有那一条每天都会走的路，西雅图的中国城依然安静地存在着。

西雅图中国城成为多文化多族群的国际区

故事在这里远未结束，它们只是放慢了脚步，继续与城市一同走着。

作者丨田力明

02

第二篇章

云端与街角——行走其间的风景

Part Two: Clouds and Streetcorners
—Walking Through the Sights

太空针塔
天际线的永恒灯塔

Space Needle: The Eternal Beacon of Seattle's Skyline

站在太空针塔之上，
你看到的不只是风景，
而是这座城市的气度与走向。

在西雅图的天空里，有一枚细长的身影，总是先于群山与云层进入视线。那是Space Needle。六十多年过去，它依然是这座城市最清晰的轮廓。

1962年，西雅图举办“21世纪博览会”（Century 21 Exposition），主题是“太空时代的人类”。在那样一个仰望未来的年代，人们希望建一座能够代表未来的建筑。建筑师John Graham与团队设计出这座605英尺（约184米）高的塔形结构。它像一枚银色的针，轻巧却稳固地落在城市中心，从此改变了西雅图的天际线。

从市中心向北，穿过街区与绿地，塔身在云间若隐若现。晴天时，它的钢架在阳光下泛着微光；下雨时，云雾在塔身周围流动，仿佛它正缓缓升起。西雅图常有细雨，太空针塔在湿润空气里显得更加清晰。

Home
MARINERS

乘坐观光电梯，只需四十多秒，便抵达观景层

乘坐电梯，只需四十多秒，便抵达观景层。玻璃环绕的观景台高约520英尺（约158米），脚下一半是城市街区，一半是水面。远处的普吉特湾闪着银光，天气晴朗时，可以看到雷尼尔山的雪顶；向西望去，奥林匹克山脉在云层后若隐若现。城市、山海与天空在这里自然连成一体。夜幕降临，西雅图市中心灯火辉煌的天际线仿佛触手可及。

2018年，太空针塔完成了大规模的翻新。观景层改为全玻璃设计，甚至铺设了世界首创的旋转玻璃地板——The Loupe。人们站在透明地面上，看城市在脚下缓缓转动，窗外风景宛如一幅流动的画卷。

塔顶的餐厅也随时代变迁。最早的旋转餐厅曾以每小时一圈的速度转动，让用餐的人在不知不觉间完成一次360度的城市

太空针新年焰火秀

巡礼。如今的Atmos Café与酒廊仍然延续这种“缓慢旋转”的体验。在城市上空吃一顿饭，本身就是一种时间的仪式。

太空针塔不仅属于游客，它是城市节庆与记忆的一部分。跨年夜的烟火从塔顶绽放，灯光在冬夜里铺开；重要赛事或城市庆典时，塔身会变换色彩。它既是建筑，也是城市情绪的显示屏。

如果回望历史，会发现它一直在见证着城市的变化。1962年的世博会展示了早期计算机、视频电话和对未来城市的设想。此后，西雅图经历了波音的崛起、微软与亚马逊的诞生、音乐与咖啡文化的繁盛。有人说太空针塔像一枚指向天空的钢针，有人说它像停泊在陆地上的飞碟。更准确的说法也许是，一座灯塔，标记着城市未来的方向。

作者｜刘素华

派克市场
从清晨到黄昏

Pike Place Market: A Day From Dawn to Dusk

在电商与效率主导的时代，
这里仍坚持人与人面对面的相遇。
派克市场不只是一个市场，
也是一座城市在变化中守住的生活方式。

西雅图派克市场从来不是一座普通的集市。它是这座城市在巨变中选择坚守的见证。

派克市场

自1907年诞生起，它就带着使命：对抗食品中间商的盘剥，让农民直面消费者，降低物价，保障新鲜。它不是天赐的礼物，而是西雅图居民自己争取的权利。

1971年11月2日，当城市更新计划威胁要将市场拆除，改建停车场和高楼时，西雅图人用行动回应。超过5.3万签名将倡议推上选票，最终以76,369对53,264的票差，通过建立历史街区，将市场从推土机下抢救出来。这选票的分量，不仅关乎一座建筑，也关乎一座城市是否愿意考虑百姓的生活。从此，市场以法律形式延续了它的社会特征。

如今，派克市场仍如旧日模样：220多家独立店铺与餐厅、180多位匠人、70多家农场主、60多个街头艺人。五个社会服务项目在这里落地生根。Rachel the Piggy Bank自1986年起每年募捐约2万美元，支持食物银行、社区诊所和老人中心。这不是单纯的善举，也是市场运作的一部分。人与人之间的连接，从来不止于买卖交易。

在人工智能、电商与城市空心化的背景下，许多街头活力渐渐消逝，而派克市场守住了最根本的一件事：人与人面对面的真实。这里陈列的商品，都带着温度。

每天早晨九点半，Pike Place Fish的鱼贩将一条国王鲑鱼抛向空中，银光划出一道弧线；落下时被商贩巧妙接住，喝彩声此起彼伏。一百多年了，鱼依然在“飞”。没有人依赖线上下单，他们仍然选择原始的手上交易。

Beecher’s Handmade Cheese的师傅将牛奶缓缓凝成金黄旗舰奶酪，每一口浓郁丝滑。派克市场蛤蜊汤店的蛤蜊浓汤热气升腾，蛤蜊饱满，培根烟熏味久久萦绕。Piroshky Piroshky的馅

饼咬开时汤汁丰盈，肉桂小辫糕点香气隔街可闻。三个女孩烘焙店和LePanier的面包带着1912年的老味道，外脆内软。

市场似乎有些杂乱，雨天拱廊湿滑，鱼腥味浓。但正是这份不完美，让它成为真正的公共客厅。你可以看见孩子们抱着毛绒玩具奔跑，朋友们分享特产姜啤酒，独自漫步的游人也能被摊主拉住聊上几句。

西雅图的城市格局，从来不靠单一地标支撑。远处是雷尼尔山的壮丽，郁金香花田在季节里铺展，太空针立在城市中央，高科技产业在另一处生长。但支撑这座城市日常的，仍是派克市场这样的地方。它提醒人们，在快节奏的科技浪潮中，仍然可以慢下来：去买一束花，尝一口手工糕点，和摊主说一句问候。

来西雅图，你可以看山看海、看科技帝国，但如果想真正读懂这座城市，就来到派克市场的石板路上，听鱼贩的吆喝，闻奶酪的乳香，感受城市的温度。那一刻你会明白，有人仍愿意为一条新鲜的鲑鱼、一朵带露水的郁金香坚守派克市场，这份坚守才是西雅图最深沉、最动人的模样。

作者 | 懿格

奇胡利玻璃花园
光在花中流动
Chihuly Garden and Glass: light in Bloom

在奇胡利玻璃花园中，
光与玻璃交织成形，艺术在自然之间生长。

走在西雅图中心附近的街头，人们常会被橱窗中的玻璃制品吸引。那些器物以各自独特的形态与色彩静静陈列，捕捉目光，也留住脚步。

2012年5月，西雅图春花盛绽之时，奇胡利玻璃花园正式向公众开放。花园占地1.5英亩，毗邻城市的标志：太空针塔。奇异的玻璃花争艳于春风中，在阳光下闪烁。戴尔·奇胡利身着黑色西装，左眼覆着黑色眼罩，站立在40英尺高、4500平方英尺的拱形玻璃温室前，百英尺高的黄色玻璃雕塑挺立旁侧，向人们展示了一个由火与光塑成的花园。

玻璃制品随着花园小径生长，仿佛紫色的嫩笋，从枯木、蕨草与灌木之间破土而出。步入展览馆，20英尺高的海洋生物塔高耸而立，上万件手工吹制的玻璃形体层层堆叠。它们诞生于2150华氏度的高温之中：琥珀色的贝壳、海星、章鱼与海葵，在钴蓝色的玻璃海藻间游弋，重现了艺术家对海滨童年的记忆。

一艘芬兰木制小船承载着五彩条纹的玻璃球，与日本花卉风格矜持而典雅的玻璃枝杈相互呼应。木船承载着克制与奔放。黑色反光底座映出船体轮廓，色彩在倒影中轻轻晃动，弯曲而挺立的玻璃枝条，使整艘小船更显得轻盈。

奇胡利对美洲原住民篮子怀有深切的敬意。经过反复尝试，他在玻璃几近融化的瞬间捕捉其柔软形态。橘黄色的透明玻璃篮子，细腻的壁面上留下一道深色的弯曲线条，如驼背般自然垂落，精准地再现了篮子的重量与弧度。它们陈列在桌面上，在室内灯光的映照下，安静而明亮，展现出母性的温柔。

进入玻璃温室，抬头仰望长达一百英尺的天顶玻璃雕塑。琥珀、橘黄、红色与黄色的巨型玻璃花卉悬垂其间，随阳光流转，折射出炽烈的色彩，正营造出一抹近乎静止的氛围。

当然，还有更多奇异的玻璃艺术品，以它们令人惊叹的形态，期待观赏者去逐一发现。

作者 | 雅兰

MoPOP
音乐、科幻与想象力的殿堂

MoPOP: A Museum of Music, Sci-Fi & Imagination

在 MoPOP，音乐、科幻与想象力自然交汇，
流行文化不再只是被回望的历史，
而是一种正在生成、与时代同行的声音。

走进Museum of Pop Culture，很难把它简单地理解为一座用来回望过去的博物馆。在作曲家的眼里，这里就像一个被暂时留住的创作现场：声音在空气中回荡，影像在光影里闪现，想象力悄悄游走其间。流行文化不再以完成的姿态被陈列，而是以一种仍在生成中的状态，被放回时间与现实的流动之中。文化在这里不是被纪念的对象，而是一件正在发生的事。

在西雅图，音乐始终是一条看不见却清晰可循的线索。人们或许会想到Benaroya Hall，那座与世界古典音乐体系相连的殿堂。但交响乐与室内乐终究来自远方的传统；真正从这片土地生长出来的，是爵士乐与摇滚乐。尤其是摇滚，它诞生于城市的边角与街头的夜晚，是最现代，也最贴近生活的一种声音。

MoPOP以音乐为入口，却有意避开对传奇的仰望。展厅里的乐器、手稿与舞台痕迹，不急于讲述成功，而是安静地保留着反复尝试、修正与偏离的痕迹。创作在这里被理解为一段持续回应现实的过程，而风格，也并非预先命名的标签，而是在时间中慢慢显影。

馆内那间被称为“声音实验室”的空间，像是整座博物馆的心脏。这里向每个人敞开：可以拿起吉他，敲几下鼓，随意拼接旋律，也可以在一次次试错中，慢慢放下对“正确”的执念，更像是在轻声提醒：音乐不是少数人的专属，而是一种人人都能触及的表达方式。

吉他柱

3.MoPOP 鸟瞰图

西雅图的音乐记忆，在MoPOP内部铺展开来。与Jimi Hendrix相关的展品格外引人驻足，从舞台上使用过的吉他，到演出手稿与影像资料，让人看到一位音乐人如何一步步解放乐器，拓展声音的边界。而关于Nirvana的展览，则让“格兰奇”回到它最初的样子，表达的是一种姿态：直接、粗粝，却极度诚实。Kurt Cobain的个人物件与早期录音，把那种来自青年精神深处的呐喊，留在空气里，久久不散。

音乐之外，MoPOP的科幻与奇幻展区，悄悄打开了另一条通道。优秀的科幻作品，在结构上与作曲有着相似的节奏：动机出现，时间展开，一个自洽的世界慢慢成形。它们谈论未来，却始终映照当下，对技术、人性与社会的追问，与当代音乐中的观念探索彼此呼应。

MoPOP最耐人寻味的地方，在于它从不急着为文化划出高低。摇滚、电子音乐、电影配乐与所谓“严肃音乐”并置于同一空间，像是在反复抛出一个问题：在各自的时代，人类如何借由声音与影像，理解自身所处的位置？文化不被分层，而是在相互照亮中显现出轮廓。

从更大的背景看，MoPOP也回应着一个事实：艺术始终扎根于生活。摇滚乐的生长，与现代城市中青年群体的生活状态紧密相连。在高度陌生化的社会结构里，音乐会成为情绪释放与群体共振的场所。台下的呐喊，往往与台上的演奏一样真实。正是在这样的土壤中，西雅图的音乐风格逐渐清晰：Pearl Jam、

博物馆内的部分陈列品

Soundgarden所塑造的“西雅图之声”，粗粝、直接，却极度诚实。音乐在这里不仅是审美对象，更是一种面对现实的方式。

走出博物馆，Chris Cornell的雕像静静立在广场上。他手持吉他的姿态，并非纪念碑式的仰望，更像是在持续倾听，倾听城市，倾听时代，也倾听那些尚未散去的回声。MoPOP所呈现的，不是一个结论，而是一种立场：流行文化塑造世界，也由世界塑造。想真正靠近它，唯有走进去，沉浸其中。创作，始终发生在人与时代的交汇处，而想象力，正是在那里不断被延展。

作者 | 黄晓枫

西雅图艺术博物馆
藏品的隐秘旅程

Seattle Art Museum: The Quiet Journey of Art

走进这里看艺术，
走出去，眼前的城市已然不同。

西雅图艺术博物馆在市中心的节奏里，显得有点慢。入口不大，玻璃门外是电车与咖啡馆，推门进去，声音像被轻轻收住，光线也柔下来。

博物馆外观

原住民艺术

它最早建于1933年，原址在志愿者公园。如今的主馆位于市中心，与奥林匹克雕塑公园(Olympic Sculpture Park)和亚洲艺术博物馆(Seattle Asian Art Museum)共同构成一个向外延展的体系。三处空间彼此呼应：室内、户外，以及更安静的东方语境，在城市里形成一条不急不缓的艺术路径。

馆内的动线不刻意引导，却很容易让人慢下来。入口附近常见北美原住民艺术，木雕、图腾与面具带着时间的痕迹，刀刻的线条直接而有力量。再往里，亚洲展厅光线压低，水墨、屏风与瓷器被留出足够的空间，气息安静而克制。转入非洲与大洋洲展区，织物与雕塑的色彩变得浓烈，节奏感明显。继续向前，是欧洲绘画与当代艺术的展厅，空间更开阔，也更接近当代城市的语境。

艺术阶梯

展厅

这里的收藏跨越很大：从古代器物到当代装置，从地方文化到全球视野。不需要全部看懂，只要愿意停留，哪怕片刻凝望。标签放在一旁，信息不多，足够给出线索，却不打断观看。

有些细节很容易被记住。

一只原住民面具，木纹被反复触摸后泛出柔和的光；

一件日本陶器，釉色略显不均，却在转角处显出温润的层次；

一幅当代绘画，颜色看似随意，却在远处形成稳定的结构。

有时，这些展品不会立刻让人印象深刻，却让人在离开之后又不时地回想着它。

观众的状态也很真实。有人贴近作品细看，有人坐在长椅上休息，有人边走边聊天。

非洲展区

偶尔会看到一个人站得很久，像是在等一个想法慢慢成形。空间里没有紧张感，时间被轻轻拉长。

走出展厅，城市马上迎面而来。街车的声音、电灯的闪烁、咖啡的气味重新回到感官里。刚才的观看并没有结束，它开始渗入生活。街角的橱窗、路人的动作、玻璃上的反光，都变得更清晰了一点。

西雅图艺术博物馆更像一个起点。它把不同文化放在同一个空间里，让人自己去连接。离开之后，这些线索会继续延伸到书店、在画廊，或者在街边的一杯咖啡里。

慢慢会发现，变化发生在视线里。看东西的方式变得细致，停留的时间也更长。城市依旧是原来的城市，只是多了一层可以被看见的细节。

作者 | 邓丽冰

雷尼尔山
四季的史诗

Mount Rainier: An Epic of Four Seasons

雪山圣顶，让西雅图多了几分灵性。
它是远处云端的定格，也是日常里共享的宝藏。

很多人与雷尼尔山的第一次相遇，是在路上。

车开上520大桥，或者从90号公路钻出隧道，刚刚跨上华盛顿湖，视线豁然开朗。天气好的时候，向南看去，一整座雪山立在云端。距离很远，却看得很清楚，线条清晰，轮廓分明。

第一次看到的人，都会被那种干净而明亮的白吸引，想多看一眼。再从这里经过的人，会不经意地向远方寻找它。找到了，惊喜欢呼，一天的心情都好了起来。

有人叫它雷尼尔雪山。这座海拔14,410英尺（4,390米）的山顶终年积雪，在喀斯喀特山脉中格外显眼；也有人叫它雷尼尔火山，它确实是一座活火山，被列入全球重点监测的“十年火山”之一，山体上还分布着二十多条冰川。

春

夏

秋

冬

苏轼说庐山“远近高低各不同”，这也可以说雷尼尔山。从远处看，它像一座单独立起的雪峰。往山里走，层次一点点展开。冰川融水顺着地势流下，变成河流和瀑布，森林一层一层铺开。云常常停在山腰，有时只露出一截雪顶。

雷尼尔山一年四季也不一样。春天来得慢，雪一点点往上退，地面露出来，野花贴着土地一片片铺开。夏天阳光稳定，步道开放，人多起来，往山上走的人一段一段地前进，慢慢向山顶靠近。秋天空气变冷，视线变得干净，山体的线条显出来，颜色也沉下来。冬天大雪覆盖，道路关闭，山留在远处，安静而清晰。

它的美丽圣洁与变化多姿，吸引了无数的登山爱好者。有一条著名的步道，Wonderland Trail。它可以环绕这座山，全长约150公里。有人花十几天走完一圈，也有人只走其中一段。每年大约有一万人尝试登顶，成功的人接近一半。

而对更多西雅图人来说，这座山早已成了城市的背景墙和生活的一部分。人们喜欢用它的名字，去标记一些独属于这座城市的东西。夏天市场上那种淡黄色、带着微红的樱桃，叫Rainier Cherry，甜味柔和，几乎只见于华州本地，其初夏短暂的上市期，也成为许多人一年中最期待的时令。华盛顿大学校园里，有一条笔直的草坪中轴线叫Rainier Vista，天气晴朗时，从那条路望出去，山正好落在视线尽头；老一辈人熟悉的Rainier Beer，也把这座山印在瓶身上。美国西北华文笔会，有一个公众号叫《苍山》，也是借了它的名字。

在西雅图，雷尼尔山不是“被供奉的神山”，它是被珍视的自然，是早已成为生活一部分的存在。

雷尼尔雪山国家公园里的野鹿

作者 | 邓丽冰

华盛顿大学樱花季
粉色的云海
Cherry Blossoms at UW: A Sea of Pink Clouds

在华盛顿大学的四合院里，来自太平洋彼岸的樱花，
把整座城市的春天铺在红砖与雪山之间。

3月的西雅图，雨季还没完全落幕，樱花却已经探出了头。

华盛顿大学文理学院四合院（Liberal Arts Quadrangle）广场中央那几十株吉野樱，每年都开得有些任性。粉白的花团压在红砖塔楼之间，像一场来得突然又不肯久留的春雪。晴日里，远处的雷尼尔山顶的白，与樱花温柔的粉，隔空相望，仿佛天上人间。

华大创办于1861年，比西雅图的建市历史还长。校园几经迁移，才在今天华盛顿湖畔安顿下来。如今它已是美国最重要的公立大学之一，医学、工程、计算机科学在全国都颇有声望。许多人为读书而来，也有人因研究留下，还为这片樱花的云海而心动。

一滩水塘的“眼睛”

这些樱花的身世，也与这座城市的故事有关。它们属于吉野樱，原产日本。20世纪初，随着日本移民在太平洋沿岸扎根，樱花也被带到西雅图。最初，它们种在校园另一处草地上。20世纪60年代，校园扩建，老树一度面临被清理。后来在园艺专家与社区的呼吁下，它们被移栽到如今的四合院广场。几十年过去，枝干愈发粗壮，花势愈发浩荡，成了每年春天西雅图最不容错过的一幕。

花开那几天，四合院广场明显热闹起来。各种语言在树下交织，笑声、快门声此起彼伏。有人铺开野餐垫，有人认真摆拍，有人举着自拍杆寻找角度，也有人只是站在树下，什么都不做，抬头看一会儿花，看一会人。游客、校友、学生、邻居，都在同一片花影里找到自己的位置。花云之下，人亦如云。

抬头望去，天空里有几架航拍无人机缓缓移动。黑色的小点在花海上空盘旋，偶尔停顿，又换个方向。镜头从高处俯瞰，把粉白的花团、流动的人群、塔楼的线条收入画面，好给春天做一次档案保存。地面上的人却依旧说笑、拍照，毫不在意那天上的

"眼睛"把自己摄进了风景。

微风拂来，目光随飘落的花瓣落下去，才发现，地上也有一只"眼睛"。那是一弯刚积起的水塘，一半落英如絮，像长长的睫毛，一半水面清亮，像盈盈的目光。水光里，一个儿子正为父亲拍照，一个母亲低头看着怀中的孩子，还有一个女孩像风一样掠过草地，背影在水面轻轻晃动。这水中的眼盛满了花与人，等太阳出来，又慢慢干涸，好像什么也没发生。

几天之后的清晨再来，广场安静许多。草地上几乎无人，枝头的花团却更显浓密。未熄的灯光从塔楼的窗格透出来，樱花云像是蒙上了一层晨雾。盛放总是短暂的，只要风一吹，雨一落，花的云海便开始退场。

草地成了沙滩

果然，一两场春雨过后，粉白散尽，满树新绿。有人感叹"一夜之间就没了"。但草地并没有因此沉寂。阳光一出来，学生们三三两两躺在绿茵上读书、聊天、晒太阳。人们还没来得及向春天作别，夏天已经迫不及待地登场。

作者｜路夷

探索公园
潮汐与草地之间
Discovery Park: Where Tides Meet Meadows

一座城市如何对待自然，
往往决定了它最终呈现出来的样子。

探索公园(Discovery Park)这个名字，本身就带着一种耐人寻味的暗示。这里的“探索”，并非指向某个需要抵达的终点，而是水与人类的血脉相存，循环的哲理、规律。在这片土地上，人

公园内时有郊狼出没

与自然之间长期存在却常被忽略的联系，重新变得可以感知。

这是西雅图占地534英亩的最大城市公园，沿着普吉湾的海岸线展开。潮起潮落每天两次，海水准时抵达，又按自己的节律退去，为这座高速运转的城市设定了一种稳定而低声的背景声音，不张扬，却始终存在。

真正进入探索公园后，城市感逐渐被稀释。视野里少了高楼的轮廓，几乎听不到车流的声响。草地顺着地势自然起伏，步道沿着山势与林缘延展，森林包围着细小的溪流，海岸线在远处反复出现，像是在提醒人们这片土地与水的距离始终很近。天气晴朗时，奥林匹克山脉的雪峰浮现在视线尽头；云层低垂时，空间被压缩，只剩下土壤、风声与潮汐的交错。

这种与大自然相洽的从容并非偶然形成。探索公园所在的土地，曾长期作为美国陆军福特·劳顿军事基地使用。20世纪70年代，军事设施撤离后，这片位于城市边缘、具备高度开发潜力的土地，被完整地保留下来，转交给市民使用。1973年，探索公园正式对外开放，成为西雅图公共空间发展史上一次重要的方向性选择。

在更早之前，这里早已是原住民世代生活的区域。海岸、森林与潮滩提供了稳定的食物来源，也塑造了人与自然之间紧密而持久的关系。正因为如此，探索公园呈现出一种安静自洽的状态。景观并未被刻意强调，设计痕迹被压低，自然成为主角。草地、树林、溪流与海岸彼此关联，形成一个连续而开放的整体。

潮汐每天两次抵达沙滩，留下湿润的痕迹，很快又被阳光和风带走。雨水落在草地上，顺着微地形缓慢流动，被植被减速，被土壤吸收；在低洼处短暂停留，完成过滤与调蓄；随后，一部分渗入地下含水层，另一部分回到海洋，仿佛什么都未曾发生。

地球日市民来到探索公园参与栖息地修复活动

正是在这种“大美无言”之中，水展现出最朴实，也最奢华的姿态，看似平静的过程之下，隐藏着清晰而克制的工程判断。长期以来，城

野外课堂

市建设往往将雨水视为需要迅速处理的风险，排水速度被优先考虑。随着城市不断扩张，这一逻辑逐渐显露出局限性：地下水位下降，河流洪峰加剧，湿地空间被不断压缩。问题的根源，不在水本身，而在于人为干预打断了自然循环。

探索公园所呈现的，是另一种选择。雨水被引导回土地之中，通过渗透、储存与缓慢释放，维持水系统的连续性。这种做法看似寻常，却在漫长的时间尺度上，支撑着生态与城市的稳定。

在美国工程界，这样的理解正逐渐形成共识。水被重新视为系统的一部分，而非需要排除的负担。潮水继续往返，草地持续生长。一座城市的底色，往往来自那些愿意让自然按自身节律运行的地方。

作者丨俞洋沨

奥林匹克雕塑公园
一座开放的海湾公园

Olympic Sculpture Park: An Open Park on the Sound

这片面向普吉特海湾的草坡，
曾是铁路与油罐占据的工业旧址。
如今，它成了一座没有围墙、没有门票的海边公园。

Alexander Calder 的雕塑作品“鹰”

西雅图大大小小的公园和绿地，据说有五百多个，像一把不经意撒开的种子，落在城市各个角落。走在街上，拐个弯，下一段台阶，过一道斑马线，忽然就被一片绿意抱住。晴日的黄昏，如果你恰巧沿着阿拉斯加道(Alaskan Way)往北走，千万别错过那片从城市坡地缓缓滑向海湾的草地——奥林匹克雕塑公园。

人们在奥林匹克雕塑公园游客中心休憩

公园草坡上的红椅子，可以坐看夕阳

它坐落在贝尔镇的北端，紧贴普吉特海湾的水边，由西雅图艺术博物馆在2007年正式对外开放。整座公园约8.5英亩，依山势分成不同的生态区域，从林地、草甸，一路延伸到卵石海滩。晴天时，站在坡顶，视线越过草坡与雕塑，远处是奥林匹克山脉的轮廓，近处是闪着银光的海面。回头望，太空针和市中心的天际线静静一字排开，站在身后。设计师以一条“Z”字形的步道，把原本被公路和铁轨切割的城市与海岸重新缝合。沿着坡道往下走，城市在身后，海风在前方，惬意极了。

很难想象，这里曾是一片工业用地和被污染的棕地。港口、仓库、油罐的记忆，早被时间压进土层。后来，这块土地被修复、净化、重塑，成为一座开放的户外美术馆。西雅图向来擅长把旧的工业遗址变成新的公共空间，而奥林匹克雕塑公园，不只是一项美学工程，更是一场生态修复。

这座露天的雕塑公园，自然有着许多与环境融为一体的雕塑作品。众多作品中，有一抹红格外醒目，与海水、草地形成强烈对比：那是一只巨大的红色钢铁造型，展开双翼般立在草地上，起名《鹰》(The Eagle)。它出自美国雕塑家亚历山大·考尔德(Alexander Calder)之手，创作于 1971年。高约12米的红色钢板，被切割、弯折、铆接成抽象的形体，既像鸟，也像风帆，又像一股向上的力量。

考尔德的这种类型的大型钢结构雕塑被称为“Stabile”，强调在空间中的平衡与张力。《鹰》是这一系列作品中的一件。在美国和世界多座城市都收藏着考尔德的大型公共雕塑。为什么这些红色的钢铁会在不同城市反复出现？也许是它传达了一种共同的城市宣言：公共空间不只是交通与效率的场所，也可以容纳想象与诗意。

奥林匹克雕塑公园的迷人之处，正在于艺术与生活在这里并肩存在。你不必懂现代艺术，也不必能说出多少作品的名字，你

可以只是下班或放学后顺着海风走来，坐在草坡的红椅子上翻几页书，或什么也不做，只等夕阳慢慢落进水面。水面在光影里变色，远山若隐若现。草地上有奔跑的孩子，风里有追逐的狗，石阶上坐着等日落的人。

西雅图人彼此约见面时，只需一句："在那只红色的大鸟下面。"没有围墙，没有门票，也没有必须完成的"观看"。艺术就这样成了生活里的坐标。一座城市真正动人的地方，也许就在这些愿意为人停下来的空间里。

作者 | Aric Meyer

西雅图水族馆
海底的温柔世界

Seattle Aquarium: Gentle Wonders Beneath the Waves

在西雅图，看海不只是在岸边。

西雅图水族馆沿着艾略特湾展开，紧贴66号码头。走在木栈道上，海水就在脚下，带着一点冷意和咸味。进门前，已经能看到海鸥低飞，渡轮在不远处缓缓移动。

坐落在老码头上的水族馆

它建于1977年，最初就是为了解释普吉特海湾的生态。这里没有遥远的大洋奇观，重点一直放在“身边的海”，潮汐、礁石，以及生活在这片水域里的生物。很多展区直接引入真实海水，水温、光线都尽量接近自然环境。

入口附近是潮池(Touch Pool)。水很浅，可以伸手触摸。海星缓慢移动，吸附在岩石上；海胆缩成一团，细密的刺随着水流轻轻晃动。孩子们排着队，把手放进水里，大人站在一旁提醒，又忍不住自己也伸进去试一试。那一刻，海不再是远处的景观，而是可以触碰的存在。

往里走，是较深水域的展缸。巨大的玻璃后面，鱼群在岩礁之间穿行。这里的鱼多来自普吉特海湾：鲑鱼、岩鱼、银色的小鱼成群游动，忽而转向，动作整齐。站在前面看一会儿，会发现节奏慢下来，心绪也跟着安宁下来。

章鱼总是躲在角落。它们会改变颜色，与周围的石头几乎融在一起。偶尔伸出触腕，动作很轻。工作人员会在固定时间喂食，有时能看到它慢慢“醒来”，像在做一件需要耐心的事情。

水母展区的光线更暗。透明的身体在水中上下浮动，边缘带着一点发光的轮廓。这里很安静，人也不自觉放轻脚步。看久了，会有一种时间被拉长的感觉。

馆内有一整面面向海湾的玻璃窗。透过它，可以直接看到艾略特湾。外面的海水与馆内的展缸在视线里连在一起。渡轮经过时，水面被切开一条白色的线；海鸥贴着风飞行，影子在水上掠过。

这种“里面和外面”的连接，会在离开之后变得更明显。走出水族馆，再看海湾，目光会停留得更久一点。水面不再只是背景，而是一个正在变化的环境：潮水涨落，鱼群迁移，城市和海在同一个节律里运行。

西雅图水族馆留给人的，往往不是某个具体展品，而是这种关系的变化。看海的方式变得更具体，也更耐心。那些原本容易忽略的细节，水的颜色、风的方向、海鸟的轨迹，会慢慢进入视线。

离开时，可以在码头上多站一会儿。风从海面吹来，带着一点湿气。水面起伏，光在上面跳动。刚才在馆内看到的东西，并没有结束，它们已经延伸到眼前这片真实的海里。

孩子们与水族亲密接触

作者 | 邓丽冰

哥伦比亚中心观景台
云端视野

Columbia Center Observatory: Views from the Clouds

有一个地方，让人安静地远望城市，
看海湾、群山与天际线在雨雾之间渐渐显现。

开篇：从雨巷抬头

西雅图的雨，总爱在市中心的玻璃幕墙上勾勒细碎流线。你站在哥伦比亚中心脚下，黑曜石般的巨厦刺入低垂云层。这座 76层建筑于1985年落成，由Martin Selig斥资2亿美元打造，突破联邦航空署高度限制，成为密西西比河以西体量最大的摩天高

哥伦比亚中心

楼。那时太空针仍自诩地标，却不知这座三塔错层、凹面切割的“黑匕首”已悄然改写天际线。

推开旋转门，乘46部电梯之一上升。70秒，耳膜微胀，数字从1跃至73。门开，云端已至。

中心观景台(Sky View Observatory)的四周都是落地玻璃，无栏杆阻隔，无风声干扰，西雅图如一幅被拉远的活地图在脚下摊开。雨后云隙，光线如丝，普吉特海湾泛起银鳞。你忽然明白：这座城市，在地面是迷宫，在云端才是诗。

北望：太空针的伏笔

向北转身，太空针骤然矮小。那枚1962年世博会的橙红未来主义图标，从73楼俯瞰，不过天际线里的一个逗号。联合湖在身后延展，亚马逊球形总部如漂浮玻璃泡，远处Mount Baker雪顶若隐若现。雨雾中，边界模糊如水彩晕染。

这里是西雅图“昨日与明日”的对话：太空针是明信片主角，哥伦比亚中心则是导演的镜头。三道几何凹面设计，让大楼本身融入景观，让光影在玻璃幕墙上婆娑，映出云层的律动。在这个高度，西雅图不同时代的建筑尽入眼底。

东西一线：山海镜像

东侧，华盛顿湖如静镜，映照Bellevue新兴天际线与Cascade山脉锯齿。夜幕降临，灯火如银河，桥灯连接两岸，好似城市的脉络。

西侧，Elliott湾口Great Wheel旋转，货轮穿梭，奥林匹克山脉雨后浮出紫灰轮廓。日落时，海面镀金，云层如点燃的纤维。错层设计在此显威：左侧最高塔刺破云层，右侧渐矮，形成“楼梯状天际”。

花岗岩基座托起153.8万平方英尺的玻璃巨兽，73楼Sky View

从观景台俯瞰西雅图港

从观景台遥望太空针

Observatory却十分安静：宽敞室内设有指向地图、解说屏与小咖啡角。你端着气泡酒，杯壁水珠与窗外雨痕呼应，仿佛在云端的小酒馆，与城市对饮。

南瞰：港口与竞技

南方，流明球场（Lumen Field）与T-Mobile球场（T-Mobile Park）并肩而立，海鹰与水手的灯火如湾边宝石。集装箱码头像彩色积木般堆叠，货轮如玩具船穿梭湾中。Rainier山庞大身影遥望，雪峰在云中时隐时现。晴日视野可达60英里；雨天，码头的灰蓝、锈红与荧光绿交织成一首低饱和度的工业诗。观景台不拥挤，没有太空针的露天寒风，只有安静脚步与偶尔低语。从Bank of America Tower到如今的Columbia Center，它的名字变迁，永远不变的是在云端的守望。

尾声：云端的归途

电梯下行，70秒，云层重合，耳朵再胀。回到地面，雨丝依旧，车灯闪烁，但西雅图已不同：太空针不再那么遥远，普吉特海湾也显得更近。你带走的不是照片，而是一张“云端地图”：山海镜像、船坞灯火、雨雾交融，一切都在73楼的高度被重新构图。

这座933英尺（尖顶967英尺）的黑塔，自1985年起就讲着一个道理：真正的地标，不是最高的楼，而是让人心跳的视角。

举杯吧，下一次再来，它仍在云端等你。

作者｜闲云野鹤 Lily Xu

飞行博物馆

飞翔的百年记忆

The Museum of Flight: A Century of Wings

在西雅图，
飞行不只是离开地面，
更是一座城市用百年时间，
托举起人类仰望天空的勇气。

在西雅图城南，一片安静的空地上，时间仿佛被缓缓拉长。飞机不再起飞，却仍然保持着飞行的姿态。这里是西雅图飞行博物馆，一座收藏着人类飞翔记忆的空间，也是一扇通往天空的低声入口。

走进展馆，最先映入眼帘的，是那架人类历史上第一架飞机的精确复制品——莱特兄弟在1903年创造的“飞行者一号”。初夏的光线透过高大的玻璃穹顶洒落下来，轻轻落在纤细的机翼上。它看起来甚至有些脆弱，像一只停歇的蜻蜓，安静地讲述着人类第一次离开地面的勇气。真正的原型机，如今珍藏于史密森尼博物馆，而这一刻的光影，却让飞行的起点显得如此贴近。

从这一架轻巧的木质飞机开始，时间迅速向前展开。短短一百余年，人类的飞行从几秒钟的离地，延伸到跨越洲际、穿越大洋，甚至迈向更遥远的宇宙。西雅图，这座依水而生的城市，恰好站在这段历史的关键节点上。作为航空工业的重要基地，这里见证了飞行如何从梦想变为现实，也见证了工程与想象力并肩前行的轨迹。

展馆中，一架巨大的波音747静静停放着。它的体量与“飞行者一号”形成鲜明对比，却同样指向同一个问题：人类为何执着于飞翔。机身之内，曾经承载过无数旅程与命运；机翼之下，空气曾一次次被切开，为人类让出通往远方的道路。飞行在这里不再只是速度与距离，而是一种不断扩展的视野。

波音飞行博物馆内陈列的各式飞行器

百年前，莱特兄弟出生于美国北卡罗来纳州一个重视教育的家庭。他们并非出身显赫，也未受过系统而完整的工程训练，却凭借对科学的热情与反复失败后的坚持，创造出可控飞行的关键技术。首飞成功后，面对赞誉，威尔伯·莱特曾说过一句被反复引用的话："我们发明了飞机，但你们让它飞了起来。"这句朴素而克制的表达，至今仍回荡在展馆的空气中。任何伟大的发明，只有被社会接住，才能真正改变世界。

飞行的故事并未止步于天空。博物馆中，还陈列着太空舱的实物模型，提醒人们，航空的边界早已延伸至地球之外。那些即将进入太空的宇航员，曾在狭小的舱体中进行长期训练，为未知的旅程做准备。这里也展示着曾搭载美国总统访华的"空军一号"，以及独自飞越大西洋的女性飞行员塑像。飞行，在不同的时代，被赋予不同的意义，却始终象征着突破。

波音第一位航空工程师王助
（摄于 1916-1917 年间）

在众多展品之间，还有一个属于华人航天史的名字——王助。作为波音历史上第一位航空工程师，他的故事与西雅图紧密相连。他的贡献，被静静记录在展区的一角，与其他飞行先驱一同，构成这座城市与天空之间更为多元的联系。

当人们离开展馆，重新站回地面，脚下的土地依旧安稳。飞行的意义，却在这一刻悄然发生了变

展厅入口处的布莱里奥 XI 型飞机模型，1909 年法国人路易·布莱里奥曾驾驶布莱里奥 XI 型飞机首次成功飞跃英吉利海峡

化。它不再只是离开地面，而是一种被一代代人延续的实践；它所承载的，是人类对未知始终不肯放手的回应。

在西雅图，飞机不只是工业的产物，也是城市记忆的一部分。它们安静地停放着，像是在休息，又像是在等待。仿佛有一阵看不见的风，始终在机翼之下，让人想起那句轻声唱过的旋律：I could fly higher than an eagle, for you are the wind beneath my wings.

百年的飞翔从未真正停歇。每一次短暂的停靠，都是为了再次腾空，飞得更高。

作者 / 梁颖

巴拉德船闸与鲑鱼鱼梯
生命的溯流

Ballard Locks & Salmon Ladder: The Upstream Journey

在巴拉德船闸，鲑鱼逆流而上，
成为这座城市独有、令人屏息的生命风景。

逆流而上，是鲑鱼与生俱来的命运。

沿鱼梯逆流而上的鲑鱼

从鱼卵到鱼苗

在西雅图北部，水声在船闸与运河之间回荡。这里没有高耸的摩天大楼，也没有耀眼的城市灯光，却有一条安静而坚定的水路，年复一年，迎接着从大海归来的生命。若未曾在这里驻足，看过鲑鱼沿着阶梯溯流而上，或许很难真正理解，这座城市与自然之间那份深沉而克制的情感。

很久以前，在混凝土与钢铁尚未出现之前，这里是一段天然的瀑布。湍急的水流，是鲑鱼千万年来通往出生地的必经之路。直到20世纪初，为了连接华盛顿湖与普吉特湾，船闸与水坝在此建成，原本的落差被人工结构截断。人类改变了水道，也不得不为此承担起新的责任。于是，一条为生命预留的通道，在水坝旁悄然诞生。

鲑鱼鱼梯静静地倚靠着船闸，像一座通往源头的阶梯，也像一道无声的考验。透过厚重的玻璃，水流在狭窄的阶梯间翻滚，光影晃动，一条条鲑鱼在此集结。体形庞大、背部布满深色斑点的帝王鲑缓慢而坚定；身形修长、闪着银光的银鲑敏捷地穿梭其中；偶尔，也能看到红鲑与狗鲑在水中交错而行。它们来自同一片海，却各自背负着不同的旅程。

凝视玻璃的另一侧，很快会意识到，这并非一场表演。那些完成了数千公里洄游的鲑鱼，身形早已消瘦，有的甚至带着伤痕。产卵期的红鲑，身体转为深沉而炽烈的红色，吻部逐渐弯曲，像是为最后一程披上的盔甲。它们在水流中侧身、停顿、蓄力，借助漩涡短暂的推力，奋力向上一跃。每一次跃起，都耗尽了所剩不多的力量，却没有一条选择回头。

这一刻，时间仿佛被拉长。水声低沉而持续，生命的意志在透明的水道中反复显现。逆流而上，不是壮举，也不是奇迹，而是写进身体里的记忆，是对出生之地最朴素的回应。

在这条溯流之路的背后，是一场持续而安静的守护。城市的扩张、水质的变化、气候的波动，都曾让鲑鱼的归途变得脆弱。为了不让这段旅程走向终点，人类在鱼梯旁设立了观测站，记录洄游的数量与状态，清理河道，修复水域，为产卵创造更安全的环境。玻璃窗前的每一次驻足，既是观看，也是一次无声的确认，确认这些银红色的身影，仍然愿意回来。

沿着鱼梯步道向上行走，不妨回头看看。水坝另一侧，巨大的船闸缓缓升降，钢铁与水面彼此让渡，庞然的船只在城市的秩序中安然通过。工程的力量与生命的韧性，在这里并肩存在，却互不喧哗。

帝王鲑

在巴拉德船闸，西雅图呈现出一种少见的平衡：一边是人类为效率与航行所建造的结构，一边是为延续而逆流的生命。它们共同构成了一幅不断变化的画面，让人意识到，这座城市的温度，往往藏在那些不被高声讲述的地方。

在这个追逐速度的时代，鲑鱼鱼梯静静提醒着来者：真正值得尊敬的，并非抵达的结果，而是逆流而上的坚持；而守护这份坚持，或许正是人类能够给予自然，最温柔的一种回应。

作者 | 水仙

国会山
彩虹斑马线的日与夜

Capitol Hill: Day and Night at the Rainbow Crosswalk

在西雅图的国会山，
一条彩虹斑马线连接着白天的公园与夜晚的霓虹，
也连接着这个社区自由而多彩的生活。

踏上Pike与Pine街口的彩虹斑马线，周围的一切仿佛悄悄变了。

红橙黄绿蓝紫六条线横跨整条街。这是西雅图最有名的一条人行道之一。游客常常停下来拍照，本地人则像走普通斑马线一样走过去。汽车在红灯前耐心停下，一对穿着同款牛仔外套的情侣牵手过街，送货单车手从人群中穿过去。

路边涂鸦

国会山夜景

这里就是国会山(Capitol Hill)。

19世纪末，西雅图向东扩展，这片高地逐渐出现住宅区。当时有人提议把华盛顿州议会大厦建在这里，于是称之为“国会山”。州议会最终没有迁来，这个名字却一直保留下来。

中午时分，街区渐渐热闹起来。往东走几分钟，就是Cal Anderson Park。这片公园是国会山最常见的聚会地点。夏天的时候，孩子们在喷水池里跑来跑去，父母坐在草地上聊天。有人在树下练习 poi（毛利流星球、火舞球），彩带在空气中划出圆弧，滑板和长板从步道上不断穿过。

公园的一侧是艾滋病纪念步道(AIDS Memorial Pathway)。石板上刻着许多名字，记录着过去几十年的历史，也提醒着人们这个社区经历过的岁月。再往北走，地势慢慢抬高，就到了

Volunteer Park。这里比刚才的街区安静得多。公园中央有一座建于1912年的玻璃温室——Volunteer Park Conservatory。这座温室属于西雅图早期公园体系的一部分，由著名景观设计师奥姆斯特德家族参与规划。温室里种着棕榈、兰花、仙人掌和各种热带植物。玻璃屋顶下潮气弥漫，水池里几条锦鲤在睡莲叶子下慢慢游动。

公园旁边那座圆形的砖塔是Volunteer Park Water Tower。爬上顶层平台，可以看到西雅图市中心的高楼。天气好的时候，还能看到远处的雷尼尔山。

下午的光线慢慢变暖，街区也换了一个模样。白天穿连帽衫的人，晚上换成亮片外套；咖啡杯慢慢变成鸡尾酒杯。酒吧门口有人开始排队，店员把门口的小黑板摆出来，写上今晚的演出时间。

志愿者公园的玻璃温室

彩旗

夜幕降临，Pike-Pine一带像霓虹画布被点亮，变成西雅图最热闹的地方之一。20世纪中期，这一带曾经聚集着汽车修理厂和仓库，低廉的租金吸引了艺术家和音乐人。后来，这里逐渐发展成西雅图最重要的 LGBTQ社区之一。Neighbours的舞曲震动街面，Pony门口排着队，Wildrose和Queer/Bar附近的drag表演者在路灯下聊天、补妆。某个酒吧里正在举行RuPaul主题派对，音乐突然响起，人群跟着欢呼。街边一位表演者不小心掉了亮片高跟鞋，弯腰重新穿上，旁边的人都笑了。

夜深之后，很多人会走到街角的Taco摊。灯串挂在棚子上，蒸汽从锅里升起来。跳完舞的人排着队买一份热腾腾的玉米饼。

到了凌晨两点，国会山慢慢安静下来。酒吧的人群散去，街上只剩下零星的脚步声。雨水落在路面上，彩虹斑马线在路灯下又恢复了平常的样子。

作者｜ Jenn Guan

弗里蒙特
桥影里的巨魔
Fremont: The Troll in the Bridge's Shadow

在桥影与车声之间，
一只来自童话的巨魔，让阴影也成了风景。

在西雅图弗里蒙特区，有一条街叫Troll Avenue。街名本身就像个玩笑。顺着街往里走，极光大桥灰色的桥身横在头顶，水泥桥拱把天空压低。桥洞里光线发冷，空气里带着水汽，桥面上车轮掠过的声音一阵接一阵，从头顶滚过去。

然后你会看到一只巨大的灰色手掌，从地面伸出来，抓着一辆旧旧的甲壳虫。那是一辆真正的Volkswagen Beetle，车漆早已褪

弗里蒙特怪兽

色。巨魔半蹲在桥影里，身体粗粝，像从地底慢慢爬出来。它只有一只眼睛，嵌着车灯，夜里会反光。站在不同角度看它，神情会变：有时像在冷笑，有时又像沉默地盯着桥上飞驰的车流。

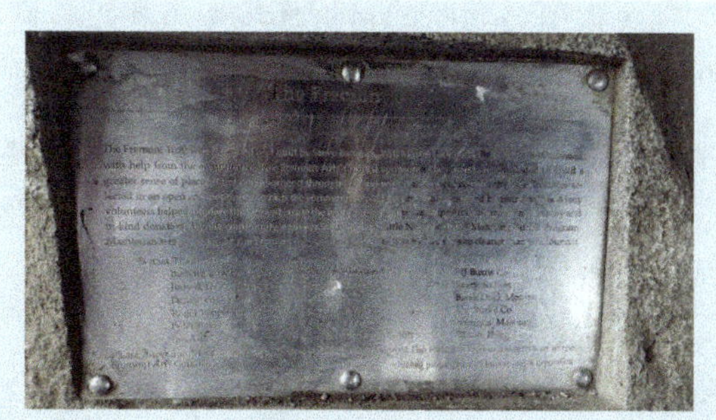

弗里蒙特怪兽的说明牌

第一次站在它面前，很难不想起儿时读过的挪威童话《三只小山羊》(Three Billy Goats Gruff)：三只山羊“trip-trap, trip-trap”踏过木桥，桥下巨魔咆哮阻拦，要吃了它们。为了到对岸吃草，它们以智慧与勇气跨越险关，终在桥上战胜妖怪。这个故事在北欧流传久远。

怪兽街路牌

西雅图与北欧的自然环境本就相近。海湾、岛屿、冷湿的空气。19世纪到20世纪初，大量来自斯堪的纳维亚的移民在这里定居，从事航运、渔业和木材工业。神话里的角色，在这样的城市出现，好像顺理成章。

弗里蒙特的这只巨魔建于1990年。当时桥下空间阴暗空旷，常有垃圾和涂鸦。社区发起公共艺术竞赛，希望改变这一片被忽略的角落。最终胜出的，就是这只抓着汽车的怪物。桥带来便利，也带来噪音和事故；车流从头顶飞驰而过，桥下的生活却安静又压抑。于是巨魔伸出手，把汽车抓住，带着一点黑色幽默。

极光大桥的正式名称是乔治·华盛顿纪念大桥，建于1932年，是为纪念乔治·华盛顿诞辰200周年而建。桥高约51米，相当于十七层楼，横跨联合湖入海水道，是连接西雅图南北的重要通道。桥上交通繁忙，桥下却始终是阴影地带。独眼巨魔让这片阴影有了名字。

它的一根手指几乎和人一样高。孩子会爬上去拍照，游客给那辆甲壳虫换车牌，有人给它放小礼物。曾经冷清的桥洞，慢慢有了笑声。原本令人发怵的桥影，变成了约定俗成的地标。

桥与水，总让人心里有些复杂。桥意味着跨越，水意味着深不可测。弗里蒙特自称“宇宙中心”。附近一栋楼顶写着“Center of the Universe”。这个区的西雅图，有一点怪诞，也有

极光大桥街景

一点自嘲。桥下的巨魔正好契合这种氛围——粗犷，却真诚；源自神话，却归于人间。

傍晚时分，桥侧的光斜斜照进来，巨魔的影子被拉得很长。桥上依旧车声滚滚，桥下却有人坐着聊天，有孩子绕着它跑。水泥、童话和城市生活，在这一刻那么融洽。

走出桥洞时，你会回头看一眼。那只独眼仍旧盯着桥面，像是在守着什么，又像只是看着如水的时光在这座城市慢慢地流淌。

作者｜黄鹤峰

凯瑞公园观景台

凯瑞公园
最小的公园，最美的风景

Kerry Park: The Smallest Park, the biggest View

最小的公园，最美的风景，带来最大的治愈。

西雅图的夏季，是北美最美丽舒适的去处之一。当忙碌或游玩了一整天，想找个地方静静欣赏夕阳下的城市，那么没有比凯瑞公园更能让你感受到西雅图山水与人文交融的独特美景了。

凯瑞公园位于市中心北面的皇后山居住区山顶，面积仅0.5公顷。与其说是一座公园，它更像一个绝佳的观景平台：朝南放眼望去，近处矗立着为1962年为世博会而建的太空针塔，它是西雅图最著名的地标；中景是市中心起伏的天际线，楼群在落日余晖中闪烁着金光；远方则是终年积雪的雷尼尔山，静静屹立，宛如一幅巨大的背景画，衬托着眼前这幅金色的都市画卷。紧挨市中心的西面，便是艾略特湾。这个天然深水港孕育了位列全球前十名的西雅图港。如今，数十座木桩码头及其上的建筑已转变为旅游商业设施，与派克市场、水族馆及邮轮码头共同构成了西雅图繁华的滨水观光天际线。

从凯瑞公园远眺西雅图市中心

游人来到凯瑞公园和西雅图合个影

公园得名于1927年将其捐献给政府的凯瑞夫妇。观景台中央立着一座名为“变化之形”的钢制雕塑，出自艺术家多瑞斯·蔡斯之手，由凯瑞的子女于1971年捐赠。这座空心雕塑是孩子们乐于玩耍的小天地，也是游客必到的打卡点。

凯瑞公园的景致常被用作电视新闻节目的背景画面，也频繁出现在各类介绍西雅图的媒体中。毫不夸张地说，这座西雅图最小的公园，却是领略这座城市精髓的最佳地点。无论是夕阳西下时的鎏金画卷，还是华灯初上后的璀璨星河，在这里都能尽收眼底。

作者 | 张铭

从水面出发
西雅图的水上轻冒险
Starting from the Water: Seattle's Gentle Water Adventures

从联合湖到艾略特湾，
水上的轻冒险为西雅图带来一个不一样的视角。

夏天一到，西雅图的水面就活跃起来。联合湖的水上飞机贴着湖面滑行；城市向西，艾略特湾的快艇牵着拖曳伞升空；浮在湖面缓慢前行的水上骑行……这些画面也是西雅图季节的播报员。

西雅图是一个水天堂，离不开地理条件的天然优势：临普吉特海湾，东接华盛顿湖，联合湖贯穿市中心，再向外延伸，还有萨马米什湖和数量可观的中小湖泊。水域进入城市内部，被桥梁、浮桥、运河与船闸连接起来，参与着交通、休闲与城市运行。温暖的海洋性气候，夏季日照时间长，水面在一年中有被充分使用的时间。许多水上体验在这个季节集中展开，顺理成章。

一、水上飞机：城市在低空展开

联合湖位于西雅图正中央，是世界上少有的“城市级水上起降水域”。水上飞机在这里并非观光点缀，而是长期存在的交通方式。

1916年，威廉·E·波音正是在这片湖面完成首飞。1946年，Kenmore Air开始运营商业水上航班，联合湖由此成为一座活跃至今的水上航空枢纽。

来飞行的客人，多以短途体验为主，时间在二十到三十分钟之间，正好把城市的结构尽收眼底：飞机沿湖起飞，煤气厂公园的钢铁遗迹清晰可见；SR 520常青角浮桥贴着水面延展，像一条被精确放置的线；哈士奇体育场的弧形轮廓紧邻湖岸，白色的“W”在低空格外醒目。

这种飞行的魅力，在于它的信息密度。高度不高，速度不快，城市的细节得以保留。你能看见船屋的屋顶、办公楼的玻璃反光、湖岸步道上的行人。西雅图被完整地摊开在你的眼下。

水上飞机

二、拖曳伞：港湾之上的短暂停留

从联合湖转向海湾，体验随之改变。

艾略特湾(Elliott Bay)的拖曳伞通常由快艇牵引升空，过程平稳而直接。伞面展开后，城市慢慢后退，声音被风拉远，只剩下稳定的牵引与海面的回声。

高度带来的，是视野的变化。轮渡航线在脚下划出白色尾迹，码头与仓库沿岸展开，市中心天际线被压缩成一条有节奏的轮廓线。晴朗的日子里，奥林匹克山脉在远方出现，山脊线清晰而克制。

这里的拖曳伞并不追求刺激感。风况稳定，节奏缓慢，更多时间用于观看。短短几分钟，人被放置在一个不常出现的位置：离地，却仍在城市之中。那种悬停的状态，让人意识到西雅图的海湾并非边界，而是一种开放的延伸。

三、水上骑行：湖面上的漫步

回到联合湖，速度再次放慢。

水上骑行更像一种在湖面上的漫步。脚踏驱动的浮筒装置平稳安静，几乎不需要适应时间。你可以随意调整方向，靠近浮屋，绕开停泊的船只，还可以注意到湖面的生活细节：码头边晾晒的毛巾，窗前摆着的绿植，水上飞机起飞前的等待。湖一点也不空旷，也不疏离，到处都是烟火的气息。水上骑行的意义，正是在这不远不近的距离里，与现实之间松弛而真实的贴近吧。

这些水上轻冒险，是城市地理优势的自然馈赠。当季节过去，湖面归于平静，这些体验也大多随之退场，留下的是对这座城市多一层的视角和熟悉，久久不会消失。

作者 | 文华

联合湖岸边休闲的人们

华州的火山

静默中蓄着改写山河的力量

Washington's volcanoes：a power strong enough to remake mountains and rivers

华州火山合影

雪山是西雅图天际线最醒目的背景，
但很少有人意识到，它们其实是沉睡的火山。

圣海伦斯顶上的景色，远处是雷尼尔雪山

西雅图的晴空里，天际线上，总能望见一抹清冷的白色轮廓，绵延不绝。站在安妮女王山上的凯瑞公园，或是哥伦比亚中心顶楼极目远眺，两三座雪山便会清晰地铺展在视野里，冰峰覆雪，静谧而庄严，那便是华盛顿州（华州）最动人的天际线标记。很少有人知晓，这看似规整的雪山群，背后藏着一段山河重塑的壮阔史诗，而火山，正是这场史诗的绝对主角。

华州的地理格局，堪称地球地质运动的“杰作合集”。有人说它的地质形态杂乱无章，实则是地质过程异常丰富。喀斯喀特山脉(Cascade)由火山喷发堆砌而成，奥林匹克山脉(Olympic Mountains)是板块俯冲时海床被刮起、折叠、抬升再侵蚀的产物，北喀斯喀特山脉(North Cascades)源于外来地体与大陆的碰撞，再经抬升、断层活动以及高山冰川的强烈侵蚀雕琢，而华州东部的哥伦比亚平原，则是大规模洪水玄武岩喷发、熔岩从地壳裂缝喷涌而出铸就的奇迹。

在喀斯喀特山脉的众多火山中，有5座最为突出，它们同属喀斯喀特火山弧，却各自演绎着层状火山演化的不同模样，分别是雷尼尔山(Mount Rainier)、亚当斯山(Mount Adams)、贝克山(Mount Baker)、冰川峰(Glacier Peak)和圣海伦斯山(Mount Saint Helens)。晴朗之日若徒步登上奥林匹克山脉的汤森德山(Mount Townsend)，便可远望到这五座火山的大致轮廓，五座冰峰错落排布，尽展天地辽阔。

攀登这五座火山，是无数徒步者和登山者的毕生梦想，但这份梦想需以充足准备为前提：有的火山登顶需要专业的技术训

冰川之巅

贝克山伊斯顿冰川冰缝里看到的一线天

练，有的虽无需复杂技巧，却对体能要求极高。每一步向上，都是对勇气与耐力的双重考验。

其中，雷尼尔山最为知名，海拔4392米，是华州最具标志性的火山。山体被厚厚的冰川覆盖，终年积雪不化，历史上曾多次喷发，山谷间至今仍残留着火山泥流（Lahar）冲刷而过的痕迹，无声诉说着它曾经的狂暴。登顶雷尼尔山的路线众多，最受欢迎的当属失望刃脊路线（Disappointment Cleaver）和埃蒙斯冰川路线（Emmons Glacier）：前者路况复杂多变，串联着茫茫雪场与陡峭的折返路段，沿途能近距离欣赏到冰川裂隙纵横交错的绝美奇观，冰体折射着阳光，宛如水晶秘境；后者是最长的冰川攀登路线，脚下是广袤无垠的冰川地貌，抬头便能望见冰峰直插云霄，壮阔得令人失语。其山顶平坦开阔，站在这片冰雪之巅，周边的雪山、高原风光尽收眼底，天地辽阔，心生敬畏。

亚当斯山是华州第二高火山，海拔3742米，也是体积最大的火山，周边环绕着上百座小型年轻火山。它拥有非技术登顶路线，最便捷的是南脊路线，沿途能穿过盛放的高山草甸，偶遇零星冰川遗迹。夏季的山顶积雪稀少，裸露的岩石呈现出深沉的褐色，能清晰地看到火山锥的原始形态；其他季节则被厚雪覆盖，银装素裹，宛如冰雪秘境。

第三高的贝克山海拔3286米，以壮美的冰川景观闻名于世，山体被众多冰川层层包裹，冰裂缝纵横交错，深邃而神秘。若是从裂缝内部望去，冰体晶莹剔透，泛着淡淡的蓝光，宛如闯入了童话般的冰雪世界。登顶贝克山需要专业的攀登技

登顶雷尼尔

术，科尔曼路线(Coleman Route)是最热门的选择，沿途需穿越广袤的冰川平原，攀爬陡峭的冰坡，过程充满挑战，却也能收获独一无二的风景，感受地下岩浆涌动的微弱脉动，仿佛能触摸到地球的心跳。站在山顶，既能领略冰川的纯净，也能感受到火山潜藏的磅礴力量。

冰川峰是五座火山中最偏远的一座，海拔3213米，隐匿在原始荒野之中，远离尘世喧嚣，保留着最纯粹、最原始的自然之美。偏远的地理位置让攀登之路异常艰难，且它属于典型的技术型攀登，沿途需穿越茂密的原始森林、崎岖不平的冰碛地带，还要途经盛开着野花的高山草甸，每一段路程都充满了未知与挑战，却也能邂逅最原始的山野风光。参天古木遮天蔽日，林间溪流潺潺作响，野花肆意绽放，仿佛一幅未经雕琢的自然画卷。

最矮小的圣海伦斯山，海拔2549米，它曾比现在更为高耸，1980年的灾难性喷发彻底摧毁了它的顶峰，重塑了山体形态，也留下了满目疮痍的火山遗迹。它的攀登无需专业技术，对登山者更为友好：夏季路线从登山者露营地出发，往返10英里，海拔提升1372米，沿途能清晰看到火山喷发后留下的痕迹，焦黑的岩石、裸露的山体，诉说着那场惊天动地的地质运动；冬季路线则从大理石山雪场出发，往返12英里，沿途尽是茫茫雪原，踩在厚厚的积雪上，脚下发出咯吱咯吱的声响，宛如行走在纯净的冰雪世界。山顶的火山口开阔平坦，边缘陡峭险峻，能清晰看到内部新生的熔岩穹丘，那是生命在毁灭之后重新形成的年轻地貌。

这些静默的火山，从来都不是温顺的风景。它们潜藏着巨大的危险，火山泥流能席卷数十英里外的山谷，火山灰会污染空气、威胁航空安全，甚至无需喷发，不稳定的山体也可能引发滑坡。但正是这份危险，与它们的绝美交织在一起，构成了华州最独特的魅力。

五座火山，五种姿态，它们静默矗立，承载着地球的地质记忆，也藏着改写山河的磅礴力量。每一道冰川划痕，每一块火山岩石，都是时光的印记，而那些攀登者的足迹，则让这份静默的壮美，有了更鲜活的意义。

作者丨老鲍

03

第三篇章

雨中的光影——宜居的当代都市

Part Three: Light and Rhythm in the Rain

– A City Made for Living

亚马逊与球形温室

未来的城市实验室

Amazon & The Spheres: A Greenhouse for the Future

在钢铁与代码构成的城市心脏，一座温室悄然生长。

在西雅图市中心，钢铁与玻璃勾勒出城市向上的轮廓。就在摩天大楼之间，三座晶莹的球体静静落地，像一枚刚刚完成降落的外星胶囊，它不急于解释自己的来历，却悄然改变了人们对这座城市的想象。

亚马逊球形温室外观

亚马逊球星温室内的休息区

如果没有听过那句在旅行者之间流传的话——“来西雅图，不入亚马逊球体乃憾事也”，你或许会从它身旁匆匆走过，只当是又一处现代建筑的奇观。但当The Spheres出现在城市的必访名单上，人们才意识到：在这座以科技闻名的城市，有些风景，错过便难以补救。

关于Amazon为何在城市腹地建起这样的球形温室，外界有过许多猜想。有人说，这是为高速运转的科技大脑预备的一次短暂逃离；也有人认为，这是对传统办公空间冷峻秩序的一次温柔反叛。或许，它更像是在多雨的西雅图，为城市悄悄安放的一片恒久晴空，一处向自然致意的绿色庇护所。

球体坐落在Denny Triangle街区，被高楼包围，却自成世界。透明的穹顶之下，热带植物层层生长，构成一座微缩的雨林。来自三十多个国家的四百余种植物、四万多株生命在此汇聚，亚洲、非洲、大洋洲与中南美洲的绿意彼此交织。它们

亚马逊球形温室内的热带植物

亚马逊球形温室内景

像一群远道而来的"移民"，在西雅图找到了新的栖身之地，也让这座城市多了一种柔软而坚定的特质。

推开玻璃门，仿佛跨越了一道无形的边界。湿润而温暖的空气迎面而来，带着泥土与植物交织的气息。高耸的无花果树Rubi盘根错节，树冠几乎触及穹顶，像一件由时间缓慢雕刻的作品。脚下的绿墙上，蕨类与藤蔓交错生长，形成一幅不断延展的挂毯。倒挂的猪笼草、叶片斑驳的龟背竹，在柔和的光线中低声诉说着远方雨林的秘密。

沿着空中栈道缓缓行走，不妨偶尔回头。被称为"鸟巢"的悬挂休息区藏在树冠之间，像童话里预留给人的一处停顿。时间在这里被放慢，城市的喧哗被隔绝在玻璃之外，只留下脚步声与叶片轻微的摩擦。

西雅图有很多引人注目的地标：博物馆的结构之美、太空针塔的凌空视角、港湾里的古船与灯火。但在这些风景之外，亚马逊球体提供了另一种观看城市的方式，从一片热带绿意，走入一座都市丛林。在科技飞速发展的时代，它提醒人们：无论代码运行得多快，人类的灵魂，终究需要一片森林来安放。

作者 | 水仙

微软园区
创新的另一种风景

Microsoft Campus: A Landscape of Innovation

大音希声，这里安静得几乎没有声音，却支撑着世界的运转。

微软总部位于华盛顿州雷德蒙德。公司成立于1975年，由比尔·盖茨和他的童年好友 保罗·艾伦创立。如今，微软已成为全球最大的软件公司之一，也是世界上最有价值的公司之一。

最早于1986年2月公司入驻雷德蒙德园区，并在随后几周完成首次公开募股(IPO)。随着公司规模快速扩张，园区不断增长：到2018年左右，已拥有83栋办公建筑，占地约502英亩，员工数量超过50,000人。

凭借Windows等软件在个人电脑兴起过程中发挥了重要影响，公司业务扩展至互联网服务等。纳德拉(Satya Nadella)接任CEO后，公司战略重心转向云计算，并扩展其电子游戏业务，于2022年进一步整合微软游戏业务。

近年来微软园区的实体改造体现了“新微软”的文化方向。在首席执行官纳德拉的领导下，公司强调协作精神、成长型思维以及打破团队壁垒。通过减少封闭式办公室、增加开放与灵活的共享空间，园区设计鼓励跨部门交流与合作，从物理环境层面支持组织文化的转型。

园区本身成为微软技术的“现实实验室”。员工广泛使用Microsoft Teams和 Microsoft Viva等产品进行会议协作、混合办公管理，以及智慧园区服务。这种深度整合展示了微软技术在大规模真实场景中的应用能力。微软正践行“赋能全球每一人、每一组织”的使命，确保不同能力背景的员工与客户都能获得支持与便利。

微软园区鸟瞰

微软园区里的小树屋

新园区与新建轻轨站紧密相连。列车进站、离站，与城市并肩而行。人工智能已融入日常工具，Copilot，在文档一侧、会议记录末尾，协助整理、补充、提醒，已成为成熟的技术。

如果有一天，这套控制系统因故停下来，世界会先安静一秒。然后震惊。机场的值机屏幕冻结，航班调度失去控制，天空仿佛被按下暂停键；银行的清算与转账停在途中，数字悬在半空；医院的排班、政府文件、城市应急系统一并迟疑。平日看不见的代码，掌控现实的脉搏，没有轰鸣，而是稳定、不可中断的运转。

想不想去园区商店逛一逛？那T恤上印着唯程序员才懂的冷笑话，马克杯整齐摆放，色彩经典。角落里，一台老式街机仍在工作。人们站在屏幕前，神情专注，手柄的点击声清脆而稳定，像时间留下的节拍。

傍晚来临时，草坪上传来零散的笑声，搅扰了园区的静谧。步道的回声、轻轨的低鸣、树影的摇曳，与世界技术的脉搏在这里交汇。

微软已经完成从地面向云端的飞跃，向着更广阔的天空驰骋。

作者｜懿格

微软历任总裁，从左至右，比尔盖茨，萨提亚纳德拉，史蒂夫鲍默

啤酒坊

弗里蒙特啤酒花园入口

精酿啤酒 泡沫里的浪漫

Craft Beer: Romance in a Glass

西雅图的一天常常从一杯香浓的咖啡开始，
也常在一杯清爽的啤酒里结束。

在西雅图点一杯啤酒，常常会先看见一整排陌生的名字：IPA、皮尔森、波特、世涛，还有写在黑板上的当日酒单。酒柜后面连着不锈钢发酵罐，吧台上摆着几只试饮杯。人们推门进来，点一杯酒，在窗边坐下。有人刚下班，有人带着狗。麦芽与啤酒花的香气在空气里慢慢散开，杯中泡沫轻轻升起。

雅基马谷：啤酒花的故乡

西雅图的精酿文化，与华盛顿州东部的农业密不可分。距离市区两小时车程的雅基马谷，是美国最重要的啤酒花产区之一。许多西海岸IPA的典型香气，柑橘、热带水果、松脂和青草，都来自这里出产的啤酒花品种。

每到秋天，新鲜啤酒花刚刚收割，各家酒厂便开始酿造“鲜啤酒花IPA”。这种只在收获季短暂出现的啤酒带着明显的植物香气，在西雅图的酒吧里往往一上酒单就被喝光。

巴拉德：酒厂最密集的街区

如果想了解西雅图的精酿文化，很多人会从巴拉德开始。这个曾经的渔业和工业社区，如今聚集着多家酒厂，彼此相距不过几分钟步行。

Reuben’s Brews的IPA风味稳定扎实，它的Bodhizafa IPA几乎成了许多酒吧的常驻酒款。Fair Isle Brewing专注酿造农舍艾尔，用野生酵母发酵，酒体清爽而略带酸味。Holy Mountain Brewing则以橡木桶陈酿和野生发酵著名，许多酒需要在桶中陈放数月甚至数年。

沿着街区慢慢走，人们很容易在几家酒厂之间停下来，一杯接一杯地尝不同风格。

弗里蒙特：啤酒花园的下午

如果巴拉德像一本密集的章节，那么弗里蒙特更像一段轻松的副歌。这里有西雅图最受欢迎的啤酒花园之一——Fremont Brewing的城市啤酒花园。

长木桌排在院子里，人们端着啤酒坐在一起聊天。狗趴在脚边打盹，朋友围桌轻谈。雨水从屋檐滴落，空气微凉。外面是湿冷的空气，里面却是松弛与笑声。

啤酒小样：一块木板上的风景

西雅图的精酿文化也有自己的节奏。夏天有西雅图啤酒节，秋天则是围绕鲜啤酒花季展开的各种活动。酒厂会推出限量酒款，人们手持小小的试饮杯，在摊位之间慢慢走动，讨论啤酒花、酵母和不同的风味。

啤酒小样

在许多酒吧里，人们喜欢点一份啤酒小样。几杯小杯啤酒整齐排在木板上。从清爽的皮尔森，到苦味明显的IPA，再到浓郁的世涛，每一杯都是不同层次。

夜色渐深，酒馆灯光落在玻璃杯上。泡沫慢慢退去，只剩细小气泡沿杯壁上升。西雅图和周边地区如今拥有上百家精酿酒厂，而雅基马谷每年生产的啤酒花占全美约四分之三。许多杯中的香气，其实都来自东边山谷里的农田。

在西雅图，如果说一天常常从一杯咖啡开始，那么，它也可能在一杯啤酒里结束。

作者｜闲云野鹤 Lily Xu

农夫市场
从土地到城市的距离
Farmers Markets: Fresh from Farm to City

乡村与城市之间的距离，并没有想象中那样遥远。

此时正值严冬，在西雅图的城市中，总有几块空地被安静地保留下来。人们经过，常会下意识地回头看一眼，与那片土地一起，耐心地等待春天归来。

西雅图的农夫市集历史始于1907年的派克市场(Pike Place Market)。由西雅图市议员托马斯·P·雷韦尔依据1896年的公共市场条例设立。同年8月17日正式开放。随着摊位需求增加，1911年摊位数量翻倍，1916年，派克市场进一步扩展成为西雅图重要的公共空间。

早期派克市场上的商贩（1907-1915 年间）

4月中旬，风中依然带着寒意。那些空地却忽然热闹起来，农夫们回来了。城市的一角支起一顶顶白色帐篷。帐篷之下，是从乡村带来的劳作、时间与季节。

到了中午，市场愈发活跃，人们纷纷聚集而来。鲜花散发着清香，喜爱美的顾客挑选好一束束后，心满意足地离开。帐篷里蔬果仍带着清晨露水的光泽。农夫们站在摊前，向顾客介绍自家的产品，语气自豪而笃定。

西雅图巴莱德街农夫市场

水果摊前总是围满了人。有人一次买走整箱的莓果，带整个季节回家。市场的一角不时传来轻快的乡村旋律，让乡村的画面悄然融入城市。若是逛久了，累了，循着一股香味走去，便会看到冒着热气的帐篷。烤肉滋滋作响，煎饼，洋葱，薯条在油香中等待着客人。

人们格外喜爱这个农夫市场。它不算大，却让人仿佛走进了辽阔的乡间田野和农场；它仿佛候鸟一般，每年4月从乡间来，9

农夫市场上售卖的食品和花束都是最新鲜的

月便开始返航。农夫们在黄昏中收起帐篷，退出城市，回到乡村。季节流转得很快，而大自然，总会在某个时刻带来惊喜与慰藉，让人们重新用双手，触摸那片黝黑湿漉的土地。

市场上的有机蔬菜非常受欢迎

作者｜巫恩霓

可持续餐厅与素食潮流

Farmers Markets: Fresh from Farm to City

在西雅图，
素食潮流从农场延伸到餐厅与厨房，
还走进了科技实验室。

街头咖啡馆

雨后的西雅图街道，总带着一点植物的气味。树叶被雨水洗得发亮，咖啡馆门口的木桌微微潮湿，街角面包店刚出炉的酸种面包散发着柔和的香气。在这座城市里，食物似乎从来不只是餐桌上的事情，它和土地、季节，甚至天气都有关系。

大学区的一条街上，有家波斯风味的素食小馆。门面不大，菜单上写满陌生的香料名字。鹰嘴豆炖菜、烤茄子与香料米饭端上桌，香味弥漫。很多中国食客第一次尝到时都会惊讶地发现，那种豆类与蔬菜的搭配，竟与传统素菜有几分相似。豆子的绵软、蔬菜的清甜，再加一点激活味蕾的香料，让人忽然意识到：世界各地的植物料理之间，其实常常殊途同归。

素食餐桌

这样的餐桌，在西雅图并非罕见。2025年的一项城市研究显示，在美国主要城市中，华盛顿州西雅图的素食友好度排名第四，全城约有571家

派克市场上的菜贩

植物蛋白肉

餐厅提供素食或植物性餐食选择。在这里，想找到一顿植物餐，往往比想象中容易：街头的Wayward Vegan用植物蛋白做出汉堡和“炸鸡”，常常让年轻人排起长队；一些餐厅把泰式、越式、墨西哥与中东风味的植物料理融合在一起，让一顿晚餐像一次小小的味觉旅行。以全球风味著称的Nue也会认真设计素食选项，让不吃肉的食客不用只点沙拉。

很多餐厅的食材，其实来自周末的农夫市场。清晨的摊位上摆满羽衣甘蓝、胡萝卜和南瓜，本地小麦做成的酸种面包散发着淡淡麦香。人们一边挑选蔬菜，一边与农场主唠着家常。不少厨师也会在这里出现，为当天的菜单寻找最合适的食材。

像Salmonberry Goods这样的本地食品品牌，就是从这样的市场文化里成长起来的。他们从华盛顿州的小农场采购谷物，用慢发酵方式制作酸种面包，再把这些食物带回城市厨房。他们的理念其实很简单：农场有什么，就用什么。

在西雅图，可持续餐饮不只是口号，更落实在餐厅运营的每一个细节。位于先锋广场的Populus酒店及其餐厅Salt Harvest引入了BioGreen360的“食物循环”技术，厨房里的食物残余会被收集起来，变成堆肥，再回到农场的土地里。厨师说，这样食物才算走完一圈。

微软创始人之一Bill Gates投资植物蛋白企业，希望有一天汉堡不必来自牧场；出生在华盛顿州的植物料理名厨Matthew Kenney，则把蔬菜端上世界各地的餐桌。有些动物保护者把减少肉类看作对世界的温柔：人类已经有那么多食物选择，是否可以减少畜牧和伤害动物。

对更多的西雅图人来说，素食不一定意味着严格的践行。很多人只是偶尔选择一顿植物餐。某个雨天的午后，一碗鹰嘴豆炖菜，一份烤南瓜沙拉，再配一杯咖啡。简单的一餐，带来的不只是心灵的宁静，还有与自然和土地间难得的亲近。

作者 | 冰清

流明主场日

声浪之下

Match Day at Lumen Field: Beneath the Sound

从超级碗到世界杯，
流明球场见证了不同人群
在同一片看台上相遇与欢呼。

来到西雅图，如果有时间看一场球赛，很多人都会被带到同一个地方，那座每到比赛日就被声音填满的球场，Lumen Field。

海鹰队备战

从市中心向南走，越过铁轨与港口的起重机，视线会被一片钢结构与弧形屋顶吸引。球场紧邻普吉特湾：晴天时，可以看到不远处的反光；下雨时，云低低地压在看台上方。

流明位于西雅图SODO区，2002年启用。一场橄榄球比赛可容纳六万多名观众；遇上足球赛，场地会调整，看台更贴近草坪。屋顶不完全封闭，却恰到好处地把声音留在场内。许多客队球员都说，这里最难适应的不是天气，而是看台上的呐喊。

深秋的周日，西雅图海鹰橄榄球队（Seattle Seahawks）的主场日到了，流明铺开一片深蓝。球迷穿着深蓝球衣走过街区，咖啡杯在手里冒着热气。橄榄球场上有十一名球员，而西雅图球迷把自己称为“第十二人”。“12”这个数字早已写进球队历史，也写进城市的身份。

2026年1月17日的半决赛夜，流明六万多个座无虚席。西雅图赢下关键一战，拿到超级碗资格。两周后，超级碗在加州圣克拉拉举行。比分定格在29-13，海鹰队 时隔十一年再次捧起冠军奖杯。体育酒吧里大屏幕上的直播画面尚未结束，先锋广场(Pioneer Square)的街头已响起欢呼。人们走到路中央拥抱陌生人，烟火在夜空中绽放，12号球衣在路灯下连成一片。几天后的星期三，百万人的庆祝大游行从流明球场出发，沿着第四大道缓缓向北，延绵数英里。

流明的特别之处，在于它与城市贴得如此之近。比赛结束，意犹未尽的人们直接走进街区。有的结伴去酒吧继续讨论防守阵型，有人沿着海湾散步，让情绪慢慢平复。

海鹰队主场球赛

当橄榄球赛季结束，流明球场的蓝色海洋会慢慢换成绿色海洋。那是 西雅图足球队海湾者(Sounders FC)的主场。足球赛季的常规赛从2月末或3月初，持续到10月，夏天的夜场最为热闹；到了深秋，季后赛来临，节奏忽然紧张起来。鼓声从看台一侧响起，歌声贯穿90分钟。如果说橄榄球的呐喊像骤然爆发的雷声，那么足球更像持续不断的鼓点。在流明，冬天属于橄榄球，春夏秋属于足球。

2026年6月，2026FIFA World Cup将把世界带到这里。流明被指定为世界杯比赛场地之一，美国队也将在这里出场。届时，看台上会出现更多国家的旗帜，更多语言在风里交织。

那时，很多人也许是第一次来到西雅图。走出球场，他们会看到港口的起重机、远处的群山、街角的咖啡馆。流明球场像一个入口，从这里，可以读懂这座海湾城市的节奏。

作者 | 阚喆

流动的餐桌
西雅图的街头味道
The Moving Table: Street Food and the Soul of Seattle

一辆餐车，一块空地，
在最小的街头空间里，
丰富的味道与短暂的相遇悄然展开。

在South Lake Union的清晨，街角总会有一辆餐车在薄雾里亮着灯，此刻的城市还在半梦半醒之间，铁板的热气、咖啡的香味，把通勤的人群一点点聚拢。西雅图的一天，常常就是这样开始的：站着，吃完，走进细雨。

造型奇特的街头餐车

午餐时分，在Westlake与Denny Way的街角，墨西哥餐车的玉米饼滋滋作响，厨师一边翻饼，一边向人介绍祖母教他如何调酱；转到Ballard Locks附近，越南河粉的汤在寒雨中冒着白气，像西贡清晨的街巷；再往海边走，三文鱼和蛤蜊浓汤提醒你，这是一座靠海生长的城市。

夜幕降临，派克市场(Pike Place Market)的灯光映着湿漉漉的石板路，热汤与烤肉的香气在海风中飘散，为一天画上带着余香的句号。

在西雅图，街头餐车(food truck)从来不是“将就填饱肚子”。它是一张被推着走的餐桌，把世界带到街头。昂贵而又有限的室内空间，让路边成为最自由的厨房；来自世界各地的人，把家乡的味道带进餐车的那口锅里，让一块不起眼的空地，临时变成一座小小的美食联合国。

有时，餐车前的人们吃完也不急着离开。他们一边吃，一边和陌生人聊起天气、路线，或是刚看过的一场演出。对许多游客来说，这也许才是他们第一次真

西雅图街头卖墨西哥卷饼的餐车

正“进入”西雅图，不是隔着博物馆的玻璃，而是站在街头，和排队的本地人一起吃着，感知城市的节奏。

西雅图的各种节日和文化活动十分丰富，那些场合也总少不了餐车的身影。夏天的街区音乐节、社区市集、码头边的体育赛事和游行庆典，餐车总会提前抵达，像候场的演员。它们不成舞台，却可以让客人排起长队；没有喧嚣，却有着最热的温度。

曾经，有一辆造型夸张的餐车在西雅图街头留下深刻记忆，Maximus Minimus。猪形车身既幽默又张扬，极具象征意义，将包罗万象的饮食文化，安放在最小的街头空间里。它成了一个被城市悄悄记住的隐喻：真正重要的东西，往往发生在不起眼的地方，一席路边空地，已经足够。

希腊烤肉卷餐车

一辆餐车，一块空地，一口热气腾腾的锅，承载着一座城市的世界观：开放、包容、流动、迎接陌生人的邂逅。西雅图的味道，就这样弥漫在大街小巷，随风飘远。

作者 | 阚喆

西雅图国际电影节
光影的雨城盛宴

Seattle International Film Festival: Cinema in the Rain

每年初夏，来自世界各地的电影在雨城相遇，
也让西雅图渐渐成为一座真正的电影城市。

许多人第一次看见西雅图，是在电影里。1993年的《西雅图不眠夜》中守望夜空的天台灯火，2013年的《北京遇上西雅图》里跨越太平洋的相遇，让多少世人对这座城市心驰神往。可真正让西雅图与电影界保持长期互动的，并不是某一部电影，而是一场持续了半个多世纪的影像聚会，西雅图国际电影节（Seattle International Film Festival，简称SIFF）。

电影节创办于1976年。那一年5月14日，第一届SIFF在一间名为Playhouse Theater的小剧院开幕。没有红毯，也没有明星。整个电影节只有18部影片，一周时间便结束了。组织者后来回忆，那更像是一群理想主义者做的一件有点冒险的事：在漫长雨季的尾声，把人们从家里请出来，走进影院，从大银幕里看看世界。

半个世纪过去，这个小型电影节已经成长为北美规模最大的电影节之一。每年5月到6月，来自90多个国家的数百部影片在西雅图轮流放映。故事片、纪录片、动画和短片在不同影院之间接力上映。观众可能在同一天里，从一部拉丁美洲纪录片走进一部北欧导演的黑白长片，又在午夜场遇见一部充满想象力的类型电影。

SIFF有一个很西雅图的奖，“金太空针奖”(Golden Space Needle Awards)。这个奖项由观众投票决定。电影节结束时，许多导演最关心的不只是专业人士的评论，更有观众在投票箱里留下的选择。

观影后的讨论

西雅图埃及人影院

与一些星光闪耀的电影节不同，SIFF更像是一座开放的城市影院。早年的节目单里，可以看到苏联地下电影、新德国电影运动的作品，也能看到亚洲年轻导演的实验影像。多年过去，这种开放性仍然保留着。一部阿富汗女孩用手机拍摄的生活影像，可能和一部16毫米胶片拍成的欧洲艺术电影排在同一场次。

西雅图的几家老影院在这段时间格外热闹。Capitol Hill 的 Egyptian Theatre门口常常排着队，电影节志愿者举着节目册回答观众的问题。Lower Queen Anne 的 SIFF Cinema Uptown一天要放映好几场电影，散场的人群在海报前留影回味，把电影票根收藏回家夹在书里当书签。

在SIFF的历史里，不少世界电影人都曾来到这里。弗朗西斯·福特·科波拉曾携作品到访，与观众谈起创作与电影工业之间的张力；史派克·李在放映后的交流环节里与观众直接讨论社会议题；伊万·麦克格雷格、安东尼·霍普金斯等演员，也常常以创作者的身份出现在现场。在这里，导演和演员不只是被仰望的名字，他们更像是在影院里与观众一起看电影的人。

2019年，王家卫的经典电影《花样年华》4K修复版在SIFF的“World of Wong Kar Wai”（王家卫电影世界）单元展映。当张曼玉的旗袍在修复后的画面里重新摇曳，当梁朝伟的烟雾在更清晰的光影中慢慢散开，一部来自东方的电影，在太平洋西北角再次被世人欣赏。

SIFF最持久的影响，是半个世纪以来，它慢慢改变了西雅图的观影习惯。这里的观众习惯在伯格曼的沉默里思考，也能在阿

电影节期间，影院外人们等候买票入场

彼察邦的丛林影像中耐心等待。许多年轻人第一次接触世界电影，就是在SIFF的教育项目里。每年都有成千上万名学生参加电影课程和工作坊，从银幕上认识更远的世界。

等到6月过去，电影节结束，影院门口的海报被换下，新电影又贴上去。街道上偶尔还能看到有人拿着电影节的节目册。人们不再谈论电影节。只是某个夜晚翻开一本书，会发现夹在书页里的那张票根。下一年的电影节，早已在紧锣密鼓地筹备了。

作者｜陈艳红

可以阅读的街巷

街头艺术、涂鸦与社区漫步

Streets You Can Read:
Street Art, Graffiti, and Community Walks

沿着街巷行走，
让目光在墙面停留，
再在书页与人群中坐下，
西雅图的风韵，便这样被一寸寸读出来。

翡翠城的魅力，不仅在于四季常青的自然美景，还有四季盛开的壁画艺术之花。城市的街巷仿佛一幅幅随时更新的画布，任各种风格的艺术家挥洒心意。

最有景致特色的一朵，位于Belltown一家咖啡店的外墙——“来自西雅图的问候(Greetings from Seattle)”。城市的摩天轮、海湾、山影与天际线，被巧妙地嵌入“Seattle”七个字母中，像一张被放大的明信片，热情而不张扬地向每一位路人致意。

最代表流行文化的，是那些西雅图偶像们，傲然挺立在城市西部街头的信号箱(Signal Boxes)上。看你能认出几个：摇滚音乐人科特·柯本(Kurt Cobain)、莱恩·斯塔利(Layne Staley)、乐手吉米·亨德里克斯(Jimi Hendrix)，功夫巨星李小龙(Bruce Lee)，以及歌手克里斯·康奈尔(Chris Cornell)。他们不在舞台上，也不在纪念馆里，而是站在路边，和街头生活并肩而立。

最震撼视觉的阅读，莫过于索多轨道(SODO Track)壁画。32堵墙壁，沿着皇家布鲁格姆路(Royal Brougham Way)和斯泊康大街(Spokane Street)展开，由62位艺术家花了三个夏天完成，于2018年连缀成世界第一条壁画长廊。一只蓝色的猎豹疾驰而过，一名运动员腾空跃起，一只狼逃离燃烧的城市，一只狐狸扑向猎物，粉红色的猫咪从天而降，画面奔跑着、跳跃着，共同诠释着“运动、速度与进步”。

最有异国情调的阅读，藏在中国城的美拿巷(Maynard Alley)。那一组充满东方色彩的壁画，由一条若隐若现的“红线”主题串起。单身汉们不妨前往，也许有缘人，或月下老人的影子，正等在某一面墙后。

其实，漫步西城东南西北，那些不出名的壁画反而更显温柔，仿佛止步在街头巷尾的邻居。从前栖居艺术殿堂的燕子，飞

入寻常百姓家，在墙面上啄出一幅幅和蔼可亲的画面，让原本阳刚的城市，悄然舒展出半城柔情。

比如，在一条看似平常的大街上，九个字母各自成画，相互依偎，拼出了街名Greenwood；走入 Robert Eagle Staff初中和Cascadia小学校园，四位印第安前辈的肖像站立在红墙绿草之间，像守护者一般，静静地看着后辈的青春活力，历史因此变得近在咫尺地亲切。

散步和骑车西城都可谓两全其美的活动，既可锻炼身体，又可享受文化。

最亲民的伯克道(Burke-Gilman Trail)横跨景郡，长达27英里，一年四季都有散步、慢跑、骑车的身影。靠近Lake Forest Park小城中心处，立着一幅巨型壁画，画面正是市民的户外生活集锦：骑车、滑冰、遛狗、散步，过路者总能在其中找到自己的影子。

若在途中走进街头书店歇脚，阅读便从墙面延伸到书页。Lake Forest Park城中心二楼的Third Place Books（第三场所书店），集书店、餐饮、会议室与舞台于一体，堪称网络书店盛行时代的一朵奇葩。书店的名字，来自社会学家Ray Oldenburg 的理论：每个人都需要第三个场所，在家与工作（或学校）之外，人们得以相遇、交流与停留的空间。

这个公共空间，成了社区的心脏。这里每年举办的社区活动多达上千项，仅是每周例行，就有作者与读者的见面、音乐会、成人写作坊、青少年写作坊、儿童故事时间、法语角、太极拳等活动。从幼儿到老人，都能在这里找到一片属于自己的位置。周末的舞台尤为热闹：中国舞蹈、斐济民谣、巴西流行曲、爵士乐、小提琴演奏……百花齐放。

若说自然景观与壁画构成了城市的“外在美”，那么这样一个书香流动、艺术自然生长的社区，则赋予了西雅图更值得细细体会的“内在美”。这些街巷，值得深度阅读。

作者 | 邓丽

鸟儿为此停留

Where Birds Come to Rest

在公园、湿地与湖泊之间，
观鸟往往始于一次不经意的停步与仰望。

普吉特湾温和的气候与充沛的雨水，不仅滋养了花草树木，也为鸟儿们留出了一片安心停歇的天空。公园、湿地、湖泊星罗棋布，成为它们的家园，也悄悄吸引着喜爱观鸟的人。仅在西城最大的发现公园(Discovery Park)，就栖息着近三百种鸟类。对翡翠城来说，鸟鸣是四季流转的一部分。

白头鹰 （Bold Eagle）

蜂鸟（RufousHummingbird）

春天一到，湖泊率先苏醒。水面渐暖，水禽的身影愈发密集，野鸭成群逐波嬉戏。最常见的是绿头野鸭，其次是秋沙鸭、赤膀鸭、绿眉鸭、林鸳鸯。湖畔的声音也随之丰盛起来：歌雀在枝头炫耀花腔，林莺在草丛间低声婉啼，北美翠鸟看见水中鱼儿，忍不住哒哒欢叫。最容易辨认的，是棕煌蜂鸟清脆短促的吱吱声。它们喉部艳红的鳞状羽毛仿佛被鲜花吻过，层层盛放，在阳光下流金溢彩，堪称最能歌善舞的小精灵。

华盛顿湖北端的原木屋公园(Log Room Park)，是当地观鸟爱好者口中的“热点(Hot Spot)”。晴朗的日子里，红嘴巨鸥翱翔在蓝天与碧湖之间，红唇飞扬，雪羽戏水，湖面荡起一层笑意。风起云涌时，景象忽然换了性情：一群乌鸦在空中翻滚，仿佛在疾风中苦练杂技；不远处，一只白头鹰借着汹涌气流高飞，风愈猛，影愈高，黑白闪电般掠过云层。

唐纳雀（WesternTanager）

夏天，山花怒放，草木繁盛，鸟儿们在枝叶间啁啾，像是在玩一场捉迷藏。娃尼塔湾公园(Juanita Bay Park)是这个季节的好去处。红胸吸汁啄木鸟敲打枯木，白头鹰与红尾鵟在蓝天盘旋，大蓝鹭立在湖畔，耐心得近乎执拗。它们可以数小时立如雕像，仿佛爱恋倒影的纳西瑟斯，让时空凝固。其实，它们只是在等待水中鱼蛙游过。晴好的日子里，乌龟们也浮出水面晒太阳，四五十只静静趴在浮木上，总有几只小的伏在大乌龟背上，亲子融融。

秋天随着雁鸣而来。最常见的是加拿大鹅，肥胖的身躯走起路来摇摇晃晃，扑入水中却轻盈如舟，飞起时又灵巧如燕，叫人不由赞叹造物的巧思。夜深时，偶尔传来猫头鹰低沉的“呜呜”声。它们凭借奇特的夜视能力与敏锐听觉，在伸手不见五指的黑暗中，也能准确判断猎物的去向。

秋季观鸟的另一处好地方，是埃德蒙兹傍水公园(Edmonds Waterfront Park)。这里海阔天空，是候鸟迁徙的重要线路。运气好的时候，可以同时看见白枕鹊鸭、黑雁、金眼鸭、红胸秋沙鸭、斑头海番鸭。白枕鹊鸭漂浮在海面上尤为醒目，黑白分明，宛如鸟类中的熊猫；身后灰扑扑的幼鸭蓬松可爱，头顶高耸的黑色冠羽，倒让人想起戴着高盔的英国皇家卫队。

西雅图北面的斯加基特山谷(Skagit Valley)，春天以郁金香花田闻名，冬天却悄然变成观鸟胜地。成千上万只雪雁从遥远的西伯利亚飞来，在这片肥沃的三角洲平原越冬。它们时而云起云落，时而铺天盖地，蔚为壮观。

有时，一只雪雁先行起飞，几只随之跟上，转瞬间整群升空，如旋风般翻卷。当两群雁在空中交会，白光闪烁，令人目眩。雁鸣此起彼伏，远处白雪皑皑的贝克雪山成为天然背景，大自然在这里上演一场波澜壮阔的演出，美得令人屏息。

翡翠城的四季天空，就这样飞翔着五彩缤纷的羽影吉光。鸟儿为此停留，人亦如此。

雪雁飞过（Skagit Valley）

作者 | 邓丽

从码头到餐桌

西雅图的海鲜滋味

Dock-to-Table Seafood: The Taste of the City

靠窗坐下，点一盘刚上岸的海鲜，窗外就是海湾，这一刻，让人心旷神怡。

不论你是常住西雅图，还是初次来访，都应当到市区各个海鲜餐馆去尝尝这里的各种海味。当你看到派克市场鱼贩抛出新鲜的大鲑鱼，硕大壮实的邓吉内斯大蟹趴在碎冰里，红红的大钳子有时插着几枚黄郁金香，你定会蠢蠢欲动、垂涎欲滴，不顾价码表的吓人数字。

在西雅图，海鲜“从码头到餐桌”的意思是，由本地捕捞，从码头上的渔民、海鲜市场，或餐馆采购鱼类或者贝类。越过中间商，以保持食品源头最大、持续久的新鲜度。这突出了海鲜的可追溯性，即能够追踪海鲜从捕捞到消费者手中的全过程。比如，当你在渔船靠岸后立即购买邓吉内斯蟹或鲑鱼，就可以保证其新鲜及来源。何等得天独厚的西雅图！在其他地区吃海鲜，很难达到这个目标。

“从码头到餐桌”作为一种理念，是自称为“海鲜侦探”的杜克·莫斯克瑞普创建的。杜克从一个医学生，成为一名股票经纪，在偶然机会又投身于餐饮事业。杜克与他的儿子兼合作伙伴约翰，共同拥有普吉特海湾地区的七家海鲜餐厅，并致力

盛在面包里的蛤蜊浓汤

于保护、恢复美西北太平洋的野生鲑鱼和钢头鲑。他一生致力于寻找最优质的海鲜，放上顾客的餐桌，质优味美。他亲自深入产地，常乘坐渔船，跟着捕鱼人一起遍访阿拉斯加、玛莎葡萄园岛和惠德比岛等地，确保捕获可持续、新鲜且顶级的海鲜，亲眼追踪海鲜处理、保鲜及运送到餐桌的过程。而他的医学基础知识，对细菌、疾病的持续学习，以及投资人的智慧都给予了帮助。这种亲身体验和实践正是他烹饪书《原汁原味》(As Wild as It Gets)中体现的理念。对于热爱新鲜海鲜和烹饪与探险的人来说，杜克的这本烹饪书不仅提供美味食谱，还带来了他与渔民一起寻找最优海鲜的真实故事。

此外，杜克还是一位实践者。他连续三年赢得了本地蛤蜊浓汤烹饪冠军。到了第四年转而担任评委，退出前主办方授予他“Golden Ladle（金勺奖）”。此后，他创立了一家蛤蜊浓汤餐厅，并迅速发展了六家分店。如今，近40年过去了，杜克海鲜馆已为来自世界各地的数百万顾客提供了杜克招牌的获奖蛤蜊浓汤，以及其他令人难忘的海鲜佳肴。

在西雅图市区，坐落着不少有好评的海鲜餐馆。派克市场里的泰勒贝类鲜蚝酒吧(Taylor Shellfish Oyster Bar)，艾略特鲜蚝餐厅(Elliott's Oyster House)和联合湖畔的杜克海鲜馆(Duke's Seafood)。还有可以观赏普吉特湾水景的67餐厅(Six Seven Restaurant)、高端的雷氏船屋(Ray's Boathouse)，以及看水景的螃蟹锅(The Crab Pot)海鲜餐厅。海鲜餐厅有高端的、实惠的、舒适的，也有名人到过、拍过电影的。

比如《西雅图不眠夜》，取景餐厅是阿西尼亚海鲜和酒吧(Athenian Seafood Restaurant & Bar)，就在派克市场里，傍水望景，遐想无限。坐在窗旁，点一份海鲜拼盘，望远发呆，憧憬一下当年年轻的汤姆·汉克斯在此的模样。

作者 | 刘菲

皮划艇时光
荡漾在艾略特湾
Time on a Kayak: Adrift on Elliott Bay

皮划艇，是体验西雅图的另一种方式：
在同一片水面上，海豹、邮轮与集装箱起重机并肩出现。

晨雾轻笼的艾略特湾，总带着一份独有的宁静。皮划艇划入微凉的海水，细碎的水纹顺着船体向四周漫开，与朦胧晨雾相融，对面的西雅图城正从沉睡中缓缓苏醒。太阳自城市天际线后徐徐升起，金色的光缕穿透薄雾，为这片海湾镀上一层温柔的光晕，仿佛在迎接每一个早行的探索者。

船桨轻拨水面，皮划艇划破湾面的平静，在身后留下一道蜿蜒的水痕。好奇的海豹总爱跟在船后，时不时将脑袋探出水面，圆溜溜的眼睛望向划艇人，似是打着无声的招呼。从锡克雷斯特公园3号小湾下水向南划行，便能望见西西雅图水上渡船码头上的早钓人，四季轮转，他们的收获各有不同，或是洄游至普吉特湾的鱿鱼，或是归来产籽的三文鱼。划艇擦身而过时，钓人们总会投来会心的笑，指着鱼兜分享着当日的好运气。

艾略特湾的水下，藏着一座鲜活的天然水族馆，锡克雷斯特2号小湾的水底公园更是潜水爱好者的好去处。这里不仅有成群的游鱼、缤纷的海葵，还有声名远扬的狼鳗与巨型太平洋章鱼，色彩艳丽的裸鳃类动物静栖在礁石间，宛若斑斓的精灵点缀着海底，巨大的海蜇随波轻漾。水面之上，除了探头探脑的海豹、懒洋洋却叫声洪亮的海狮，还能见到排成一队“散步”的港湾鼠海豚，若是运气足够好，还能邂逅虎鲸等不同种类的鲸鱼，为这段海上旅程添上惊喜。

这片生机盎然的海湾，也曾历经污染的阴霾。西雅图发展进程中，周边工厂曾将有害物质排入湾中，让这片水域蒙尘。所幸多年来，政府投入大量精力治理环境，海港岛与杜瓦米什水道周

边，皆是环境治理专项基金的重点投入区域。1909年建成的海港岛，曾是世界最大的人工岛，这里聚集着铅二次冶炼、船舶修造、石油储存等诸多工商业活动，也因此成为环境治理的关键节点。

杜瓦米什水道作为格林河的下游，是人工疏浚而成的河流，既是西雅图的工业动脉，穿工业区汇入普吉特湾，也是连接西雅图港的重要水上贸易通道，如今更是生态修复的重点。这片水道上，还矗立着几台上海制造的巨型集装箱起重机，在工业发展与生态保护的平衡中，书写着别样的篇章。

艾略特湾的西侧是西西雅图，这里是丹尼大队等西方定居者踏上这片土地的第一站，曾被命名为纽约－阿尔凯。这里有过辉煌的过往，知名的月神公园曾在此绽放光彩，如今则是林肯公园与阿尔凯海滩的秀美风光，阿尔凯角灯塔更是游人争相打卡的地标，在岁月中静静守护着这片海湾。

沿着艾略特湾东侧海岸线划行，又是另一番景致。皮划艇能近距离靠近巨型邮轮，从水面视角眺望奥林匹克雕塑公园、太空针塔与西雅图摩天轮，与陆地上的所见相比，多了几分别样的灵动。西雅图海滨区的海堤旁，还有一条隐秘通道，直通充满海洋奥秘的西雅图水族馆。

傍晚的艾略特湾，藏着西雅图最美的日落。白雪皑皑的奥林匹克山脉作背景，太阳缓缓沉落，漫天霞光染红天际，绚烂的景色让远道而来的游客驻足惊叹，连划艇人也会被这份美好包裹，心中漾起满溢的幸福感。待夕阳落幕，调转船头向南，海拔14411英尺的雷尼尔山便映入眼帘，粉色的山体在暮色中格外温柔。

当夜色渐浓，西雅图的天际线亮起五彩斑斓的灯光，高楼大厦的灯火与湾面的波光交相辉映，与白日的景致截然不同。月光洒在湾面上，海滩边有相依的情侣，对岸球场偶尔绽放绚烂的烟花，隔壁餐馆的香气随风飘散，路上汽车的音乐声隐约传来。此刻，在皮划艇上望着这座灯火璀璨的城市，便能真切感受到，西雅图，这座依湾而建的城市，从来都是一座不眠之城。

作者｜老鲍

轻轨穿城而过
连接西雅图的日常

Link Light Rail: Connecting Seattle's Everyday Life

西雅图的轻轨来得不易，在缓解拥堵的同时，
也让人有时间看看这座城市，看看彼此。

西雅图轻轨是在城市交通重负和公众支持下，逐步从无到有、持续扩张的一条生命线。20世纪60年代规划失败；1990年代因人口增长和交通拥堵重新推动，2009年西雅图塔科马机场通车，到今天向北向东持续扩建。轻轨不轻，重任在“肩”。

现在的轻轨，早已不再局限于市中心的短程往返，而是从机场出发，一路向北，延伸至遥远的林伍德区。车厢里坐着刚下飞机的乘客。有第一次来到这座城市的陌生面孔，也有结束旅程、准备回家的旅人。尽管神情略显疲惫，眼神中却仍带着期待，透过车窗，悄悄打量着西雅图的街景。

列车穿行在这座安静的城市中，沿途掠过海湾、湖区、树林、高楼与社区。渐渐地，车厢里的乘客不再只是机场来的旅

客，而多了上下班的通勤族、背着书包的学生，以及前来西雅图观光的游客。彼此素不相识，却因共享同一段旅程，而生出一份微妙而温和的亲切感。

对本地人来说，轻轨依然带着新鲜感，也是一项值得骄傲的城市建设。而对外地人来说，这样便捷又实惠的交通方式，让人更容易亲近这座城市。寻找旅馆时，游客都会特意打听是否靠近轻轨站，可见它在日常生活中的重要性。

通过多次公投，2号线将持续扩建，目标在2040年前后形成覆盖整个都市区的轻轨网络。

西雅图的轻轨，仿佛这座城市的缩影。它绝不像纽约的地铁那样匆忙，也不像旧金山的电车那样充满观光色彩。它克制、安静、不张扬，默默地连接着不同人的生活，让人得以在旅途中放慢脚步，放松心情。或许，这正是西雅图留给人的印象：不刻意吸引目光，却在不知不觉中，让人铭记于心。

作者｜巫恩霓

在拼图中行走
西雅图的多元街区
Walking the Mosaic: Seattle's Many Neighborhoods

在雨与街区之间，一座城市在拼图中慢慢成形，
由差异生长为共处。

派克市场前表演的街头乐手

想象一下，在细雨织就的暮色里漫步西雅图。手心捧着一杯咖啡，街灯在水汽中晕开光圈。脚下的城市并不是一张完整的画，而是一块块拼图，颜色不同，语言不同，气味不同，却在雨中悄然相连。

西雅图是一座由多重声音构成的城市，像一首即兴的爵士乐，各种旋律彼此交错、停顿，又在下一拍重新回应。置身其中，总能感到一种缓慢而温柔的包容。这里不急于追逐效率，更像是在雨中等待，让时间一点点落地。

华埠——国际区：日常的交叠

从市中心往南走，华埠——国际区(Chinatown–International

深秋的西雅图日本园林

District）像一页翻动的旧书。这里的历史可以追溯到19世纪末，当华工参与铁路建设后逐渐定居下来。后来，日本、菲律宾、越南等族群也在此落脚，使这里成为美国少见的“泛亚裔社区”。

哥伦比亚城的小剧场

霓虹灯下，是亚洲餐馆的热气，也是东非咖啡的苦香。傍晚时分，街角有一位老人提着菜篮缓缓走过，他的身影在雨水中被灯光拉长。

那一刻，所谓多元，已经融进日常。

哥伦比亚城：街角的温度

继续向南，哥伦比亚城（Columbia City）显得亲切而生动。这里原是19世纪末沿铁路发展的小镇，如今却成为西雅图族群最为多样的社区之一。步行几条街，可能会听见十几种不同语言在空气中交汇。

街边的小剧院、咖啡馆和农夫市场，孩子在草地上奔跑，大人们谈论食物与天气。这里没有宏大的叙事，只有邻里间交流的热度。

雨渐渐变细，一家小书店门口，有人低头为吉他调弦，旋律在空气中轻轻试探，像是在确认这个夜晚是否适合开始一段故事。

国会山：光与自由

国会山的彩虹街

北上来到国会山(Capitol Hill)，色彩忽然变得明亮。这里既是西雅图的文化中心之一，也长期被视为LGBTQ+社区的重要聚集地。每年6月的骄傲游行，让整片街区成为流动的色彩。

彩虹旗在风中展开，书店与唱片店透出柔和的灯光。夜晚的音乐与街头艺术让这片区域充满自由的气息。这里曾经是反文化的象征，如今仍保留着那份开放与勇气。

不同身份的人在此相遇，彼此允许，彼此尊重。

巴拉德：潮汐的记忆

再向北是巴拉德(Ballard)。这里曾是一个独立的斯堪的纳维亚移民城镇，直到1907年才并入西雅图。如今，渔港、木船与海风，仍在见证着人们与海洋的密切往来。周末的市集上，新移民带来新的香料与面包。传统与新生在同一条街上交谈，像潮水一样，一退一进。

先锋广场：时间的底层

如果走到先锋广场(Pioneer Square)，你会触摸到更久远的时间，这里是西雅图最古老的街区之一。红砖建筑沉稳地站立着，地下城藏着旧日的痕迹。艺术家在墙面留下新的图像，为历史添上一层当代的光影。城市不是凭空诞生的，它是迁徙、错误、修正与重建的结果。

在这些街区之间穿行，你会发现，真正的西雅图不是藏在某一栋地标建筑里，而在那些街与街的缝隙之中。雨水落在不同语言的招牌上，却汇成同一条街道的倒影。公交车在雨中缓缓驶过，车灯在湿地上拉出长长的光线。

也许，拼图永远不会完成。城市始终在变化，人也在变化。我们不过是在行走中，为这座城市添上一抹自己的颜色。

作者｜Jenn Guan

巴拉德的水上浮屋

一座会疗愈人的城市

西雅图的温度与关怀

A City That Heals: Care, Calm and Connection

在西雅图的日常里，身体慢慢地放松，
心灵找到了可以安顿的地方。

西雅图城市公园一角

在西雅图，许多人第一次真正感到放松，往往发生在一次极其普通的尝试中。

周末，带上家人，或邀三两好友，把皮划艇推入联合湖。新手的动作略显笨拙，桨落水时溅起细小的水花，艇身轻轻晃动。几分钟后，身体开始顺着水的节奏调整，手臂的用力逐渐均匀，落桨与回桨也慢慢变得顺畅。湖面上没有催促，也没有评判，划多远、划多久，全由自己决定。结束时，肩背的紧张悄然消失，思绪随之安静下来。身体只需专注于当下这一件事，就特别好。

海湾边休闲的人们

类似的体验，也发生在城市的步道与林间小径。西雅图拥有密集的城市公园与步道系统，许多入口就分布在居民区附近。徒步无需特别规划。穿上外套，走进附近的绿地，二十分钟后，脚步自然放慢。树根、小坡与湿润的空气让人留意脚下，注意力随之回到身体。许多人正是在这样的行走中，把烦恼与忧虑暂时放在一旁。

当身体逐渐放松，心灵开始寻找可以被接纳的地方。

在城市周边，动物参与的活动已渐渐进入日常。经过训练的疗愈犬会出现在医院、学校与社区空间中。它们以陪伴者的方式存在，安静地靠近、坐下、等待，让紧张的人慢慢恢复安全感。对不擅长表达的人来说，这样的陪伴无需回应，却足够可靠。

在更开阔的空间里，马场提供了另一种温和而稳定的安放。马匹不被展示，而是被照料、被尊重地生活着。人与马的互动侧重等待、牵引、梳理与陪伴。马不会诉说情绪，却能感知人的状态。许多家庭在这样的相处中重新体会耐心与信任，自闭症的孩子在照料中学习责任，经历压力的成年人，也在与动物的节奏里慢慢放下焦躁。

西雅图的身体锻炼同样多元而包容。周末的社区公园里，太极准时开始，练习者来自不同年龄与文化背景，在一招一式看似缓慢的动作中，身体逐渐舒放，心灵回到平衡。来自印度的瑜伽练习也在城市中自然生长，从力量型到冥想型课程并存，呼吸与体式的配合，让人重新觉察身体的边界与承受力。还有一些社区团体通过正念练习、节律调整，甚至轻断食，引导人重新建立与身体的关系。这些实践强调感知而非改变，让饥饿、饱足与能量起伏重新变得可被察觉。

这些活动散落在湖边、公园、动物身旁与社区之中。城市为它们保留空间，也允许人们以不同方式进入其中。或许正因如此，许多人选择留下。在这里，疗愈融入日常，成为一种可以反复实践的生活状态。

公园晨练

静宁的马场

作者 | 梁颖

在高窗与城市立面之间

建筑与居停之美

Between Windows and Facades: The Architecture and Art of Staying in Seattle

在这里，建筑不只容纳生活，也安放人心。

西雅图常被称为美国最宜居的城市之一。走在街上，很快就能感觉到这种宜居。这里的街道不逼仄，也不太宽；楼房摩登，却不急着把天际线填满。抬头还能看见天空，转过街角便能望见水面和远山。人在这样的地方生活或停留，脚步自然放慢下来。

在市中心的历史街区先锋广场（Pioneer Square）一带，许多建筑至今不过三五层。红砖楼沿街排开，高窗贴近街道。厚实的窗框和拱形门窗在阴雨中显得格外沉静。雨后石砖街道微微发

西雅图先锋广场老街区

费尔蒙奥林匹克酒店大堂

先锋广场附近的红砖建筑

亮，咖啡馆和小店的灯光透过窗子落在街面上。走在这里，不必仰头，也不会觉得楼房压得人喘不过气。几条街之外，史密斯塔(Smith Tower)忽又把视线引向天空。1914年落成时，它曾是密西西比河以西最高的建筑。登上观景层，普吉特海湾在西，华盛顿湖在东，两片水面像轻轻的边界把城市围住。低处是街道与车流，远处是雪山与海面，远近高低，宛如画境。

许多人第一次在西雅图停留，是在酒店。费尔蒙奥林匹克酒店(Fairmont Olympic Hotel)建于1924年，石材外墙沿着街角展开。走进大堂，层高开阔，高窗把天光引入室内。光线从上方落下，在石柱上留下柔和的影子。宴会厅与公共空间延续着港口城市旧日的社交传统。客房墙体厚实，窗台很深，自然光慢慢铺进来，房间也变得安静而柔和起来。

这些年新建的酒店多采用玻璃幕墙与钢结构。整面落地窗把海湾与远山带进室内，灰蓝色的天光在阴雨之间流动。公共空间

史密斯塔

开阔通透，仿佛光本身就是装饰。建筑样式随着时代变化，街道的整体气息却依然沉稳。

真正的生活多在住宅区。20世纪初，西雅图人口迅速增长，有轨电车把人带向新的社区。沃灵福德(Wallingford)、菲尼岭(Phinney Ridge)、格林伍德(Greenwood)和贝克山(Mount Baker)一带，渐渐铺开一片片住宅。

那时最常见的是工艺美术风格的房子(Craftsman)。有人照着《工匠》(The Craftsman)杂志或本地平房图册建房，也有人直接邮购整套建材。屋顶坡度平缓，屋檐伸得很深，木梁露在外面。西雅图一年据说有150多个雨天，深檐挡住雨水，也在门前留下一小段干燥的地方，让邻居在檐下聊上几句。屋里层高不高，横窗把天光引进来。秋天落叶堆在台阶旁，冬天雨声落在屋檐上。橱柜和壁炉嵌进墙里，捧杯咖啡，围炉看书，时光就这样慢慢流淌。

在联合湖(Lake Union)周围，还有一种完全不同的居住方式。几百座合法登记的漂浮住宅沿湖停泊。轻木结构架在浮台上，窗子朝湖水打开。清晨时，水面的光影映上天花板；夜晚灯亮起来，影子在湖面慢慢拉长。船只经过时，水纹一圈一圈散开。泊位、管线和排污都有严格规定，湖水轻轻起伏，房子也随之微微晃动。水与陆地之间的距离，在这里变得很近。

在西雅图，有人停留一夜便离开；也有人在檐口下听雨，一季又一季，把日子住成了岁月。

作者｜吉祎

附录：图片来源

页号 / 摄影师 / 图片来源及版权信息代码

目录 / Ron Clausen / (a)
2 / 不详 / (h)
3 / E.M. Sammis / (h)
4 / Joe Mabel / (b)
5 / 不详 / (h)
7 / Benjamin W. Pettit / (h)
8 / 不详 / (h)
9 / Arthur Churchill Warner / (h)
10 / 不详 / (h)
11 / Another Believer / (a)
12 / GuyWelch2000 / (g)
12-13 / Jrozwado / (a)
14-16 / 夏洋洲 / (i)
17 / Dcoetzee / (h)
18 / Boyd and Braas / (h)
19 / 不详 / (h)
20 / 不详 / (h)
21 / Boyd and Braas / (h)
23 / Douglas Tancred / (h)
24 (左) / Webster & Stevens / (h)
24 (右) / Anders Beer Wilse / (h)
26 / Another Believer / (a)
29 / Carl Henry Moen / (h)
30 (上) / Bainbridge Studio / (h)
30 (下) / 不详 / (h)
31 / SounderBruce / (a)
32 / Richard N Horne / (a)
33 / Webster & Stevens / (h)
34 / Adam Moss/ (c)
35 / M / (a)
36 / Piergiuliano Chesi / (g)
37 / Jeroen Stroes Aviation Photography/ (f)
38 / SAS Scandinavian Airlines / (h)
39 / Jetstar Airways / (c)
40 (左) / Webster & Stevens / (h)
40 (右) / Webster & Stevens / (h)
41 (左) / 不详 / (h)
41 (右) / Clem Albers / (h)
43 / Seattle Municipal Archives / (c)
44-46 / 夏洋洲 / (i)
47 / Warner/Reprise Records / (h)
48 / A. Vente / (b)
49 / Razvan Orendovici / (c)
50 / Mannivu / (a)
51 / SilentDeath / (a)
52-53 / Joe Mabel / (a)
54 / Cira / (i)
55 / Peter Collins / (c)
56 / Mark Hursh / (b)
57 / Ronincmc / (a)
58 -59 / 田力明 / (i)
60 / Joe Mabel / (b)
61 / Another Believer / (a)
62 / DemonDays64 / (a)
65 / Cacophony / (b)
66 / Ron Clausen / (h)
67 / Dan Bennett / (f)
68 / Cira / (i)
69 (左) / Joe Mabel / (b)
69 (右) / Cira / (i)
70 / Julian Lupyan / (g)
71 / Fawcett5 / (h)
72-75 / 雅兰 / (i)
76 / Cacophony / (b)
77 (左) / buiobuione / (a)
77 (右) / EMP|SFM / (b)
79 / Francisco Antunes / (c)
80 / Chris Light / (a)
81 / Miguel Hermoso Cuesta / (a)
82 (上) / Joe Mabel / (b)
82 (下) / Another Believer / (a)
83 / Miguel Hermoso Cuesta / (a)
85 (上) / Mount Rainier National Park / (h)
85 (下) / Samuel Kerr / (b)
86 (上) / Vulturesong / (h)
86 (下) / Rae Yang / (i)
88 / MountRainierNationalPark / (f)
89-91 / 路夷 / (i)
91 (上) / Guywelch2000 / (a)
92 / Cody Logan / (a)
93 / Seattle Parks and Recreation / (c)
94 / Seattle Municipal Archives / (c)
95 / Seattle Municipal Archives / (f)
96 / Aric Meyer / (i)

97（上）/ Joe Mabel / (a)
97（下）/ Tori Sloane / (b)
98-99 / 萧荔彦 / (i)
100 / Burley Packwood / (a)
101 / Another Believer / (b)
102 / Antony-22 / (a)
103 / Seattle Municipal Archives / (f)
104 / GyozaDumpling / (a)
105 / Joe Mabel / (a)
106（左）/ SounderBruce / (a)
106（右）/ Vmenkov / (b)
108 / Hayimastopsign / (h)
109 / cascadevideoproductions / (c)
110 / 不详 / (h)
111 / 梁颖 / (i)
112 / David Broad / (b)
113（上）/ John Pavlish / (a)
113（下）/ BLM Alaska / (h)
115 / USFWS-Pacific Region / (h)
116 / Cedar777 / (a)
117 / Dllu / (a)
118 / Joe Mabel / (a)
119 / Another Believer / (a)
120 / Cira / (i)
121（上）/ Cira / (i)
121（下）/ GeoTrinity / (b)
123 / Cumulus Clouds / (b)
124 / Joe Mabel / (a)
125 / Daniel Schwen / (a)
126 / Joe Mabel / (a)
128 / 雅兰 / (i)
129 / Joe Mabel / (b)
130 / Seattle Municipal Archives / (c)
131-136 / 老鲍 / (i)
140-141 / 水仙 / (i)
141（下）/ SounderBruce / (c)
142-143 / Steven Pavlov / (a)
144 / Coolcaesar / (a)
145 / Atomic Taco / (c)
146 / Maiacosis / (a)
147 / Briansmale / (a)
148（左）/ Milan Zahn / (a)
148（右）/ Bernt Rostad / (f)
150 / Steven Pavlov / (d)
151 / Bernard DUPONT / (c)
152 / Otto Theodore Frasch / (h)
153 / HMPinnsvinet / (b)
154（上）/ Seattle City Council / (h)
154（下）/ Joe Mabel / (b)
157（上）/ Seattle City Council / (h)
157（下）/ Jpatokal / (a)
159 / PCN0WPS / (a)
160 / M I K E M O R R I S / (c)
161 / Kallerna / (b)
162 / Ron Clausen / (a)
163 / MarmadukePercy / (b)
164 / Joe Mabel / (b)
165（左）/ Joe Mabel / (b)
165（右）/ Seattle City Council / (c)
166 / Peaceray / (a)
167（左）/ Joe Mabel / (c)
167（右）/ Joe Mabel / (b)
169 / Imaginary Alley Cat / (a)
170-176 / 邓丽 / (i)
177 / Eric Frommer / (h)
178-179 / 懿格 / (i)
179（下）/ Another Believer / (a)
180 / Prayitno / (f)
182-185 / 老鲍 / (i)
185（下）/ Ron Clausen / (a)
186 / Sound Transit Special Selection / (f)
187 / SounderBruce / (a)
188（左）/ Oran Viriyincy / (c)
188（右）/ Mattsjc / (a)
189 / Diham / (b)
190 / Sounder Bruce / (a)
191 / Joe Mabel / (b)
192 / Ntowle98 / (a)
193 / Joe Mabel / (a)
194 / Adbar / (b)
196 / WikiPedant / (a)
197（左）/ Nongnuch Leelaphasuk / (k)
197（右）/ Muhammad Ilham Marlis / (k)
198（左，右）/ Joe Mabel / (b)
199 / 刑力 /(i)
200 / Christopher S. Maloney / (e)
206 / DiegoDelso / (a)

代码说明

（a）Wikimedia Commons / CC BY-SA 4.0
（b）Wikimedia Commons/ CC BY-SA 3.0
（c）Wikimedia Commons / CC BY SA 2.0
（d）Wikimedia Commons / CC BY 3.0
（e）Wikimedia Commons / CC BY 2.5
（f）Wikimedia Commons / CC BY 2.0
（g）Wikimedia Commons / CC BY 1.0
（h）Wikimedia Commons / Public Domain
（i）摄影者
（k）Vecteezy

感谢西雅图这座城市，
在山海与细雨之间，
让我们心有安所，
让我们对世界有所言说。

后记 Afterword

《情调西雅图》（中英双语共二册）从构想到正式启动，历时两年有余。起初不过是编辑部的一句闲话："过两年世界杯要来了，要不要写一本关于西雅图的书？这座城市，太值得。"话音落地，暗自生根。

编辑们随即展开社区调研，在笔会内部征求意见，多次讨论题目、体例、篇幅、风格。有人主张写历史不要像教科书，有人希望保留烟火气，也有人提醒：不要写成旅游指南。在不断的取舍与打磨中，这本书的轮廓渐渐清晰——它是一张属于西雅图的城市文化名片。

2026年1月1日，编辑部正式公开征稿。回应之迅速，出乎预期：音乐家、作家、画家、摄影师、建筑师、医护人员、教师、律师、工程师……来自不同领域的西雅图人纷纷申报题目，也有外州作者想要书写他们与西雅图的相知相遇。原定收录49篇文章，不到一周已近报满。许多作者提前交稿，有人反复修订文字，有人实地走访后方才落笔；摄影发烧友翻出多年积累的影像珍藏；还有的全家参与：妻子写中文，丈夫写英文；母亲刚交稿，又把女儿也拉来投稿。作者

出版支持：Grace Dental Seattle
鸣谢：闲云野鹤艺术空间及匿名的赞助者

美国西北华文笔会成立于 2019 年，为非营利文化组织，以热爱文学、关注社会为宗旨，汇聚华文写作者，书写时代与生活。

们的热情与信任，使编辑们不敢有丝毫懈怠。接着是紧锣密鼓的编译与制作，既求全书文章风格协调，也尽量留住作者各自的笔意；影像的取舍、译文的推敲、封面与版式的反复斟酌，个中甘苦，尽在不言。

又值西雅图华盛顿大学樱花盛开，这本书亦渐次成形。全书中英双语分卷对照，共收录49篇原创散文。篇数未满半百，寓意“未央”，象征这座年轻城市仍在成长，故事仍在继续。此书从立意、写作到出版，皆出于对西雅图的热爱，也出于对文字与影像的珍视。能够为这座生活之城留下一部文化小书，是美国西北华文笔会的荣幸。

只是，本书作者们多有本职工作，编辑亦皆义务参与，时间有限，识见所及难免有疏漏之处。谨此恳请海内外方家批评指正。若此书能引发讨论，引来更多人关注西雅图的真实与细节，已不负初衷。

感谢所有作者的用心书写，感谢各界朋友的支持鼓励。更感谢西雅图这座城市，在山海与细雨之间，让我们心有安所，让我们对世界有所言说。

美国西北华文笔会

2026年4月

Afterword

The Allure of Seattle took more than two years to move from an idea to a finished book. It began with a casual remark among the editors: with the World Cup coming in a couple of years, should we write a book about Seattle to introduce it to the world? The city deserves one.

The thought was spoken lightly, but it lingered. From there, the project grew through discussion. We kept asking what this book should be, and what it should not. It should not be like a Seattle encyclopedia, nor should it read like a textbook or a travel guide. It needed to feel alive, grounded in everyday life, and still carry a sense of culture. Over time, the direction became clear. The book reveals itself as a portrait of the city.

On January 1, 2026, the call for submissions was formally announced. The response was immediate and, in many ways, surprising. Musicians, writers, painters, photographers, architects, healthcare workers, teachers, lawyers, engineers...people from across Seattle's many fields of life proposed topics. There were also contributors from outside Washington State, drawn by their own connections to the city. The planned number of essays was forty-nine; within a week, the list was nearly full.

Manuscripts arrived earlier than expected. Some were revised again and again; others were written after returning to the places they described. Photographers revisited years of images, and in some families, writing became a shared effort: one writing in Chinese, another in English; a mother submitting her work, then encouraging her daughter to contribute as well. The energy and trust of the contributors carried the project forward. What followed was a sustained period of editing, translation, and design,

shaped by a simple aim: bring the book into a coherent whole while preserving the distinct voice of each contributor. Images were selected, translations refined, and the cover and layout revised multiple times. By the time cherry blossoms returned to the University of Washington, the book had taken its form.

The work appears in two volumes, Chinese and English presented side by side, and includes forty-nine original essays. The number, just short of fifty, was chosen deliberately, suggesting something unfinished, still unfolding, much like the city itself. From conception to publication, the project grew out of a shared regard for Seattle, and a belief in the power of writing and images. For the Northwest Chinese Writers Association, leaving behind a small record of a lived city has been both a privilege and a responsibility.

Most contributors worked on this book alongside full-time responsibilities, and the editorial effort was entirely voluntary. Inevitably, there will be omissions and imperfections. We welcome corrections and criticism from readers and colleagues alike. If this book invites conversation, or encourages closer attention to the city's textures and realities, then this book will have fulfilled its purpose.

We are grateful to all the contributors for their care and commitment, and to the friends and supporters whose encouragement accompanied this book along the way. In the end, we are grateful to the city Seattle, for the way water, mountains, and rain come together here, for the life it offers, and for the voice it has made possible.

Northwest Chinese Writers Association
April 2026

书　名　情调西雅图 The Allure of Seattle

出　品　美国西北华文笔会
策　划　蓝　雾
运　营　阚　喆
主　编　艾　蓓
编　辑　刘　菲　萧荔彦　阚　喆　杨露祎
英语审稿　Calvin Kan
版式设计　农云云

出　版　美国西北文化出版社（Cascadia Cultural Media LLC, USA）
开　本　1/32
版　次　2026 年 4 月第 1 版
书　号　ISBN: 979-8-9955684-0-7
定　价　USD 29.80

联　系　美国西北华文笔会
nwcws2023@gmail.com
nwchinesepen@outlook.com（中国用户）

本书配套英文版 The Allure of Seattle，由 Amazon 及 Barnes & Noble 面向全球（中国除外）发行

www.ingramcontent.com/pod-product-compliance
Lightning Source LLC
LaVergne TN
LVHW010559110826
845149LV00003B/704

* 9 7 9 8 9 9 5 5 6 8 4 0 7 *